文春文庫

人体表現読本

塩田丸男

文藝春秋

あの手この手　序にかえて

国語学者の金田一春彦氏が大東急記念文庫で「日本語の特質」と題して講演されたことがある。この内容は昭和四十三年に読売新聞社から刊行された『日本語を考える』の中に収録されている。

その中につぎのような一節がある。日本語の語彙の特徴として、肉体に関する語彙が他にくらべて簡略であることを指摘したものである。

〈鼻という場合、このつき出た部分も、穴も、それから「鼻をかむ」と言って分泌物まで含めて使っております。爪なんかも、今の人はこの固いところを爪と言っておりますが、昔の人は爪というと指先全体を言ったもののようであります。「つまむ」という動詞があって爪を活用しておりますけれども……。爪印なんという言葉もありまして、これは今の拇印であります。これが身体の中の臓器になりますと一層昔は単純でありまして、今でこそ心臓、肺、腸などと申しますけれども、全部これは漢語でできております。ですから中国と交際する前は日本人は身体の中のことは何も考えていなかったのかもしれません〉

なにも考えていない、というのはずいぶん極端な意見だが、それでも金田一さんは、日本人をつぎのような説明で擁護している。

〈アイヌ語はその身体の部分に対する名前の豊富なことは驚くべきものであります。それはアイヌにとって密接な動物は熊でありまして、その熊の身体の名称から出たものであると考えられます。結局日本人がそういった肉体関係に名前を付けなかったというのは、日本人の先祖が獣などを余り食べなかったということに因るのでありまして、ただ未開だと謙遜する必要はなさそうであります〉

金田一さんの言うとおりで、日本語は人体に関する語彙は少ないかもしれないが、そのかわり自然をあらわす語彙は他に類例がないほど豊富であるという特徴も持っている。それぞれの民族の文化の違いが語彙を特徴づけているのであって、一面的な批判や非難は妥当ではない。

たしかに日本語は股も腟もいっしょくたにして足といってしまうような大ざっぱなところがあるけれども、だからといって、日本人が肉体に関心が薄い民族かというと、そうはいえないと思う。

感情や行動を表現するのに、身体の部位や動きを借用してくることが日本語には多い。「顔が広い」「顔をつぶされた」「胆を冷やす」「尻が軽い」等々、すぐに思いつく言葉がいくらもあるが、中でも目立つのは手に関するものだろう。

これはほんとうに多い。

たとえば「手」の字を用いた単語や熟語はゆうに千を超える。「手紙」「手柄」「手形」「手錠」等々、誰でも五十や百ぐらいはたちどころに思いうかべられるのではないか。

手習いは六十歳までにはじめるのなら上達の見込みがある、ということを「手六十」というとか、特別に感じ入った時に思わず手を叩いてしまうことを「横手《よこで》を打つ」ということなどのさまざまな言いまわしを知るにつけ、日本語の表現の微妙さや巧みさに感心させられる。

死語になってしまった、また、そのことが切に惜しまれる言葉も多い。芸能などで、修業を積んで技の利く盛《さか》りの年配のことを「手盛《てさか》り」といったり、動作がのろいことを「手重い」といったりするのがそれで、これらの言葉はもっと活用されてもいいのではないかと思わずにはいられない。

さらに単語や熟語のほかに「手も足も出ない」「手が入れば足も入る」「手功より目功」「手に取るように」「手を替え品を替え」といった成句がまたうんとある。

手という肉体の一部を用いて、日本人はどれくらい多くの感情表現をしているか。その多さは決して諸外国に劣るものではない、と思う。

こういうことから考えれば、私たち日本人は身体に関して無関心であるとは断じて言えないのだ、というのが私の結論なのだが、どうだろうか。

「頭のてっぺんから爪先まで」という言葉があるが、この書では文字通り、頭から足先に至るまで人体のさまざまな場所に関する日本語の表現を探ってみた。

私たちの祖先がどのように自分たちの身体の内外を眺め、みつめ、考え、表現してきたか。それらを私たちがどのように受けつぎ、役立ててきたか。

中には、大切な、美しい表現を私たちはうっかり見捨ててしまっているかもしれない。

この本は「人体表現」から日本語をもう一度みつめなおしてみよう、という思いで書かれたものである。

目次

II 手の部

III 首と胴体の部 139

IV 足の部 179

228 腑《ふ》が抜ける　腑の字を分解してみればからだの中の町の意味
230 腎張《じんは》り　腎は男の命であり、宝であった
232 毛の末　細さをさらに強調
234 鳥肌が立つ　「恐ろしい」と言い替えるはずが……
239 小便する　タチの悪い妾の手口とダンナの災難

VI 陰の部 243

244 閫《まら》　「成り余れる処」のネーミングは数あれど、これぞ元祖
247 茶柱　立つとめでたいだけでなく
250 ほと　持ち主は男性？　女性？
252 顎のはずれた鯨　太平洋に比べたら鯨なんて小さい小さい
254 ナスビが下りる　多産の弊害——筋肉を鍛えよ
陰名一行考 256
索引 279

単行本　一九九八年七月　白水社刊

人体表現読本

I

頭の部

頭角をあらわす

頭

この字の旁《つくり》の「頁」は「首」という字の古字なのだそうだ。象形文字を見ると、人がひざまずいて頭をすこし下げている形の字があり、その頭から首にかけての部分が拡大強調されたのが「頁」らしい。

今はカオは顔と書くが、昔は頁だけでカオと読んだ。首すなわち顔ということなのだろう。だから「頁」のつく字はみな首や顔に関係がある。額《ひたい》、頰《ほお》、顎《あご》、項《うなじ》、頸《くび》等々、みなそうだ。

客は固と同じで「かたい」という意味の文字。顔のかたい部分が額なのである。夾は両側からはさむ意。顔を両側からはさんでいるのが頰だ。咢は「嚙みあう」意。工は「うしろ」の意。巠は「まっすぐ伸びる」の意である。

演題の題、頓服の頓、顧問の顧、頽廃の頽など、一見、首とは関係のなさそうな字も、実は大いに関係がある。

題はヒタイのことだし、頓は頭を地につけてお辞儀することだ。丁寧にいうと首をくっつけて頓首となる。顧は首をうしろに向けてかえりみることだし、頽は頭が禿げることなのである。

頭は偏が豆だが、これはまっすぐに立つ形をあらわした文字で、首の上に直立するのがアタマだということである。

ついでにいうと、頁をケツと読める人は案外少ない。若い人はたいがい「ページでしょ？　違う？」と答える。ふだん、ページとしか読んだことはないけれど、ページは英語だからいくらなんでも、と首をひねるのである。

冊子の一枚一枚を中国では葉という。第一葉、第二葉というふうにかぞえる。葉はyèhと発音するが、頁もまったく同じ発音であるところから第一葉、第二葉を第一頁、第二頁と書くようにもなった。

日本人はそれを勝手に第一ページ、第二ページと読んですましているのである。頁にページなんて読みがあるわけがない。

百会

病気や怪我を治療することを「手当て」という。手を当てて皮膚を刺激することによって治癒を促そうというものだ。皮膚刺激療法は東洋でも西洋でも古くから、また広く行われているが、中国で発達した鍼灸《しんきゅう》療法はその代表的なものである。鍼灸療法の特徴は「経絡《けいらく》」や「経穴（ツボ）」を想定し、そこを刺したり熱したりして刺激する点にある。その効能は多くの実例で証明されているが、なぜ効能があるかは、科学的に解明されていない。経絡も経穴も、血管や神経の走行とは一致せず、そこを刺激して効果がでてくる理由がはっきりしないからである。

経絡は正経が十二、経穴は三百六十五あるとされている。一年の月の数と日の数に一致し、自然のめぐりと人体との密接な関係をあらわすというのだが、西欧的合理主義にとっては、そんな因縁づけがかえって怪しいということになるのかもしれない。

「百会《ひゃくえ》」は頭の頂点にあるツボで、三百六十五ある経穴の中で、人体のもっとも上にあるものだ。日蓮宗の寺では、土用の丑の日に素焼の土鍋（炮烙《ほうろく》）を頭にのせ、その土鍋に灸をすえる「炮烙灸」という行事をするところがあるが、これは鍋を通して「百会」

に灸をすえているわけである。

ツボの名前は「風池《ふうち》」「神門《しんもん》」「合谷《ごうこく》」「至陽《しよう》」「陽関《ようかん》」「天宗《てんそう》」「曲池《きよくち》」「委中《いちゅう》」「中脘《ちゅうかん》」「華蓋《かがい》」「天突《てんとつ》」など耳馴れないものが多いが、これらの名称はその特徴や作用をあらわすもので、ちゃんと意味のあるものだという。「風池」は後頭部の髪の生えぎわにあるツボだ。風は風邪の風である。風邪のひきはじめに後頭部が痛んだり熱が出たりする。風邪がこのあたりに池のようにたまるのである。一般にもっともなじみがあるのは「三《さん》里《り》」であろう。「手の三里」「足の三里」があるが、

〈足の三里は膝頭の下で外側の少しくぼんだ所。ここに灸をすると、万病にきくという〉

と『広辞苑』にも出ている。

こめかみ

「漢字はむつかしくてなかなか覚えられない、などというのは覚える気がないからだ。覚えようと思えば、五十画もある字でもすぐに覚えられる」

と中学の漢文の先生にいわれて教えられたのが「こめかみ」の漢字である。

「顳顬」と書く。

「耳という字が書けない者はないだろう。その耳を三つ書いて、ページの左にくっつければいい。それがコメだ。次に、需要の需の字もそれほどむつかしい字ではないな。雨かんむりの下に而を書けばいい。その需をやはりページの左に書けば、これがカミだ。二つあわせてコメカミ。画数は五十画だが、一度覚えれば忘れることはない」

と先生は言ったが、その通りで、以来、顳顬という字だけはすらすらと書けて、一度も間違えたことはない。

しかし、漢文の先生の言い方もちょっとペテンであって、あらゆる漢字がこのように覚えやすいわけではない。讒言の讒《ざん》とか、鑿《のみ》とか竈《かまど》とか、どうしても覚えられない漢字も多い。漢文の先生は生徒を励ますために詭弁(?)を用いたのだろう。

顳がコメで顬がカミだ、というのも嘘である。顳は「目と耳の間で、物をかむと動く部分」で、音はショウだ。顬はどの漢和辞典を見ても意味は書いてない。「ジュ」という読みかただけがのっている。

顳顬とあわせて書いて「こめかみ」なのであって、顳がコメ、顬がカミと分れているわけではない。

「こめかみ」はやまとことばで、文字どおり米を嚙めば動くところの意味である。「耳ノ上、髪際ニ入ルコト一寸五分」と『大言海』にはある。顳顬の他に漢字では「蟀谷」とも書くらしい。

こめかみが動くのはなにも米を嚙んだ時とは限らない。するめでも豆でもこんぶでも、かたいものを奥歯で嚙めば動く。「まめかみ」といっても「こぶかみ」と名づけてもよかったわけだが、特に「こめかみ」と名づけられたのは米を嚙むことが神聖な行為だったからだ。

豆やするめは誰でも日常的に嚙むが、炊いて飯にしない生米を口に入れて嚙むということはふつうにはしない。

今でも沖縄地方では、十四、五歳の処女に米を嚙ませて麴《こうじ》をつくり、お神酒《みき》をつくっているところがあるが、古代はこのような風習が一般的だった。

酒を醸造するという、この「醸」の字は「かもす」と読むが、これは「かむ」が変化したものだ。

美しい歯をした乙女たちが一生懸命に米を嚙んでいる姿を見た人々は、彼女たちの耳の上のあたりが絶え間なく動くのを見て「こめかみ」という名を思いついたにちがいない。

こめかみはまた灸のツボにもなっている。

観相学ではこめかみの上辺にほくろがあると「隠し女を持つ相なり」という。

NHKの看板ディレクターとして二百本以上のドラマを手がけた和田勉氏が、

「むこうの俳優は、コメカミに表現力があって、横顔が絵になるんですが、日本では横

顔のいい人が少ない」

とユニークな発言をしている（平成元年一月二十日　読売新聞）。

こめかみにどういう表現力があるのか、素人には理解しにくいが、こめかみの動きが

演技の上でも重要な役割を果たすものだということは分かる。

顔面の中でも、こめかみはなかなか重要な部位なのだといえよう。

脳味噌

味噌は日本人の食生活に欠かすことのできない重要な食品なのに、「味噌をつける」（しくじる、失敗する）、「味噌をする」（へつらう）、「手前味噌」（自慢する）とか、言葉の上ではろくな使い方をされていない。はなはだしいのは「糞味噌にこきおろす」とか「味噌も糞もいっしょにしやがって」などと汚物ナンバー・ワンと並べて使われることである。

味噌のために痛憤にたえないが、例外は「脳味噌」である。脳は人間の器官の中でもっとも大事なもので、それを表現するのに味噌をもってきたのは結構なことだ。

脳はほんとうに味噌のような姿形をしているのだろうか。

『大言海』には〈白質ノ纖維ト、灰白質ノ細胞トヨリ成ル〉とあるから、味噌は味噌でも白味噌であろう。

渡辺淳一氏が昭和五十年三月号の『小説新潮』に発表した「書かれざる脳」は、解剖学の権威である大学教授を主人公にした小説だが、その中には、

〈お椀の蓋をあけたように、上半分がなくなった頭蓋骨のなかに、その白い手が徐々に侵入してくる。それはなにやら、容器から白いプリンを取り出すのに似ている〉

という描写がある。

また、北杜夫氏が『図書』に連載した「茂吉あれこれ」の最終回（平成十年三月号）には斎藤茂吉の遺体の解剖の模様が描かれているが、

〈脳はかるかった（平均的な重さ）。灰白色に寒天をかぶったようににぶく光っていた〉

とある。

私は人間の脳味噌は見たことはないが、羊の脳なら食べたことがある。白子みたいな外見だったことを覚えている。脳を食べる、といえば、三浦哲郎氏の小説「おろおろ草紙」の中に飢饉で困った人々が人間の脳味噌を塩漬けにする話が出てくる。

人間の脳だって料理して食えばそれなりにおいしいものなのかもしれない。脳味噌なども呼ぶのは、脳を食べて意外にうまいものだったぞ、という記憶を踏まえてのことだったのかも。英語の俗語では単に gray matter である。

角を出す

嫉妬心をあらわにすることをいうのだが、どの辞書にも「女性が」とことわりがついている。嫉妬心は男にもあるし、男のほうが強いくらいだという学者もいるが、男が嫉妬心をあらわにしても、角を出したとはいわない。

能楽では『葵上《あおいのうえ》』のように嫉妬に狂った女性の生霊《いきりょう》が鬼女に化すというストーリーがいくつもある。

鬼のおそろしい形相の特徴は、額に生えた角、大きく裂けた口、そして牙、である。中でも目立つのが角で、「角を出す」ことは「鬼になる」ことである。

やきもちを焼くな、といわれても、夫に浮気をされたりすれば、それは無理、というのなら、その妬心を他人には見られぬよう、気づかれぬよう、じっと内に秘めてこらえましょう、というのが「角かくし」だ。

現在では婚礼の時の花嫁衣裳としてしか用いられなくなったが、江戸時代には、ふだんの外出にも頭にちょっとかぶったらしい。

角をかくす、というより、埃よけの実用効果で用いられたようだ。

鬼の角は見るからにおそろしげだが、実際に角をはやしている動物は、鹿、羊、牛など猛獣とは呼ばれない種類に多い。「角をはやす」のが女性の特徴とされるのはそういうところからかもしれない。

しかし、もっぱら男性用の「角」もあることはある。「角を折る」という「角」だ。意地を張るのをやめ、ぐっとこらえて、下手《したて》に出ることを「角を折る」という。こちらが角を折れば、相手も角をひっこめて、話合いは円満にいく。そうでなければ、たがいに意地を張りあって、

「角突きあわせる」

状態になる。仲が悪く、対立して争うことをこういうのである。

とにかく、角は忌みきらわれる存在で、ひっこめておくに限るのだが、

「頭角をあらわす」

という言葉もある。学識や才能がきわだって人よりすぐれていることをいうのだが、どうしてこの場合にかぎって、頭の角が出ているのがいいのか、と疑問を持つ方も多いだろう。

この「頭角」は頭の角《つの》ではない。頭の角《かど》、つまり頭の先っちょである。どんぐりの背くらべの中で、一つだけ飛び出しているのがあればすぐに目につく。そのように才能、学識が誰の目にもすぐに分かるようにすぐれていることをいうのである。

つぶり

頭は本来、禿げているものである。禿げていてこそ頭なのだ、という説がある。その説のよりどころがこの「つぶり」という語である。

幼児語で頭のことを「おつむ」という。「おつむがいい」とか「おつむてんてん」などという。大人でも「あの人、ちょっとおつむが弱いんじゃない」という。

この「おつむ」は「つぶり」に接頭語の「お」をつけ、下の「り」を略し、「ぶ」が「む」に変化してできた言葉である。

『大言海』には

〈圓《ツブラ》ノ転ニテ、元、禿頭ノ称ナラムト云フ〉カウベ。カシラ。ツムリ。アタマ〉

とある。髪の毛がもじゃもじゃ生えていれば頭の形は円ではあり得ない。つるつるに禿げた頭は多少デコボコがあっても、とにかくつぶらの形容に価する。禿げていなければつぶらではない。つぶりではない。頭ではない。かなり強引な説だが、面白い。

天明狂歌四天王の一人に「つむりの光」という人がいた。「ほととぎす自由自在にきく里は酒屋へ三里豆腐屋へ二里」というのが有名だ。この人なども多分、つむりは光っていなければつむりではないと思っていたことだろう。

蝸牛のことを「かたつむり」「まいまいつむり」というのは転訛した言いかたで、本来は「かたつぶり」「まいまいつぶり」である。「つぶり」はもちろん「つぶら」である。蝸牛の殻が丸く光っていることから名づけられたものだ。鍵和田秞子に、

父母老いぬ殻うすひかりかたつむり

の句がある。

頭と頭がぶつかることを「鉢合わせ」という。頭を鉢に見立てた表現だが、そんな見立てが成り立つためには、頭は円くてツルツルしているものという通念がなくてはなるまい。

禿頭を見て、ああ、これが頭の正体なのだなと大昔の人は〝発見〟したのであろう。

緑の黒髪

いまは茶髪が大はやりだが、昔は緑の髪がはやったのか、と早合点しないでほしい。「緑の黒髪」であって「緑髪」ではない。

美しい、つやつやとした、豊かで美しい髪の毛のことを「緑の黒髪」というのである。色はもちろん漆黒である。また女性の髪に限っていう。

男性にも美しく豊かな黒髪の持ち主がいないわけではないが、男の場合にはいわない。では、なぜ、黒い髪のことを「緑の」と形容するのか。

日本語の「みどり」というのはあいまいな言葉で、漢字の「緑」も「翠」も「碧」もともにわれわれは「みどり」と読んで平気でいるが、三つともそれぞれ違う色なのだ。

西洋人のことを昔は「紅毛碧眼」といった。「碧眼」は青い目である。晴れわたった青空のことを「碧空」とか「碧落」とかいう。また、「碧水」「碧波」という言葉もある。海の青い色を形容したものだ。

碧は青色を示す言葉なのである。

それを「みどり」と読んで平気でいるのは、日本人の色彩感覚があいまいなせいかもしれない。

交通信号の色は、「青ハススメ、赤ハトマレ」と小学生でも知っているが、町角に立っている交通信号の現物を見ると、青ではなくて緑色のものがある。

なぜなのか？　と思って調べてみれば、これにも歴史的(?)ないわれがあった。

日本の自動交通信号機は、昭和五年にアメリカのデイ・ノルズ社製のものが輸入され、東京・日比谷の交差点に設置されたのが最初だが、この信号機はタテ並びで、上から「赤（止マレ）黄（注意）緑（進メ）」の順であった。

同じく昭和五年に内務省告示「道路交通取締令」が出たが、これにも「緑色は進メ」とちゃんと書かれてあった。

ところが通行人のほうは緑色の信号灯を見て、「青信号」と呼ぶ者が大部分で、いつのまにか「赤、黄、青」という呼び方が定着した。

こうした現実を追認する形で、昭和三十五年の「道路交通法」は「ススメ」を「青」と規定した。ところが実際の信号灯は従来通り緑色のものを作るところが多く、それが今でもあちらこちらに残っている、ということらしい。

緑一色の田んぼのことを青田というし、白馬のことを「あおうま」という。日本人の色彩センスはどうもあいまい至極である。

しかし、黒髪の上に「緑の」という形容詞をくっつけるのは、ちょっと違う事情によるもののようだ。

赤ン坊のことを「みどりご」という。

嬰児の顔はたしかに赤い。赤ちゃんとか赤ン坊というのはうなずける。しかし「緑児」というのは納得できない、と思っている人が多いのではないか。

この場合の「みどり」は色のグリーンのことではなく、「新芽のように若々しい」という意味での形容なのだ。

もともと「みどり」という言葉は「ミド」が語根であり、「ミド」は「瑞々《みずみず》しい」の「ミズ」の変化だという説もある。

若々しい、新鮮な、というのが「みどり」なのである。

だから「緑の黒髪」の持ち主は若い女性に限る。老女の白髪を「緑の白髪」とは絶対にいわないのだ。

楽髪

「楽髪苦爪《らくがみくづめ》」と四字熟語になってふつうは用いられる。「楽に暮らしている時には髪の毛がどんどん伸びてくるし、苦労の多い時は爪が早く伸びる」という意味である。

髪の毛の伸びる速度というのは、髪の色や性質によって、つまり人種によって違うかもしれないということは素人でも見当がつくけれど、同じ日本人の髪の毛が生活程度のいい悪いによって伸び方が違うものかどうか、大いに疑問だ。

そもそも、髪の毛ってどれくらいの速さで伸びるものなのだろうか。

髪の毛はふつう三日で一ミリ、一カ月で一センチ、一年で約十二センチ伸びるものなのだそうで、暮らしが楽だからよく伸びるとか、貧しい生活だから伸びがにぶい、というデータは今のところ皆無なのだそうである。

では、なぜ「楽髪」というような言い伝えが生れたのだろうか。私の個人的見解だが、これは結果と原因の混同ではないだろうか。

暮らしが楽だから髪の毛が伸びるのではなくて、髪の毛が長くても平気でいられるのは暮らしの楽な人だ、というのが正解なのだ、と私は思う。

髪の毛の寿命は男が三年から五年、女が四年から六年だから、最大に伸びて12×6の七十二センチだ。平安時代の絵巻物を見ると、背丈より長い髪の毛を垂らしているお姫様の姿が描かれているが、納得できる、というものだ。

しかし、自分の身の丈より長い髪の毛を持っていたのでは起居動作も不自由であるのは当然で、王朝時代のお姫様でなくては、あんな長い頭髪で、日々を暮らすことは不可能だろう。実際に、いまのＯＬがあんな長い頭髪をしていたのでは、会社の仕事は満足にこなせるわけがない。

「楽髪」の正しい解釈は、髪を長くしていたいのなら楽な暮らしをしなくてはダメよ、ということだろうと思う。

面輪

しょうゆ顔とかソース顔とか、奇妙な分類名も出現しているが、人間の顔のもっとも普遍的な分け方は丸顔と長顔だろう。

どちらがいいか、優位か、という判定はむつかしいが、長顔のほうが最近は人気があるようだ。

呼び方からして、丸顔のほうは、端的にそのまま丸顔だが、長顔は面長《おもなが》とか、瓜実顔《うりざねがお》とか細面《ほそおもて》とか、ちょっと気取った、優美な呼び方になる。大事にされている証拠であろう。

だが、日本人の顔は本来は丸いのが主流で、顔は丸いもの、というのが通有概念であった。その証拠が面輪という言葉である。

オモワと読む。面はオモともオモテとも読むが、オモテというのはオモの方という意味だ。輪は輪郭の輪だが、もちろん、丸いことも示しているはずだ。

顔（面）は丸いのが本来である、とはっきり主張しているのが面輪という言葉だと思うのだが、この点を明確にしている辞書が少ないのは残念だ。

『岩波国語辞典』（第二版）のごときは、

〈かお〉

と平仮名でたった二文字、語釈がついているだけだ。ユニークなのは『新明解国語辞典』（第四版）で、

〈「前から見た顔つき」の意の雅語的表現〉

とある。たしかに、顔はうしろからでは見えないし、横から見たのでは丸くない。面輪ではない。

「お雛《ひな》様のようだ」というくらいで、雛人形は美男美女の典型だが、これにも丸顔派と長顔派がある。

江戸時代に圧倒的な人気があったのは京都で誕生した次郎左衛門雛で、これはほんとうにまん丸い顔で、鼻の小さいのが特徴だった。

たらちねのつままずありや雛の鼻

と蕪村が詠んだのも次郎左衛門雛だったにちがいない。

大きくなったら鼻が高くなるように、と赤ン坊の鼻を母親がつまんでおまじないする習慣が江戸時代にはあった。そのおまじないを忘れたのだろう、と蕪村は次郎左衛門雛の鼻の小さいのを皮肉ったのである。

次郎左衛門雛の人気が薄れ、とって代って人気雛となったのが江戸生れの古今雛《こきんびな》で、こっちのほうは目鼻立ちもはっきりし、顔も長顔であった。

丸顔の次郎左衛門雛を好んだのは、上級武家や公家たちの上流階級で、長顔の古今雛

を愛したのは商家など町家の人々だった。この対照も面白い。

お公家さんや殿様の顔立ちは瓜実顔の長顔が多い。一般庶民は丸顔が多い。それぞれ自分たちに馴染みの薄い顔型を雛人形に求めたのだろうか。

あるいは上流階級が丸顔を選んだのは中国の影響をうけたのかもしれない。

中国では唐代に「樹下美人図」が大流行し、日本もその影響を強く受けた。正倉院宝物の「鳥毛立女屏風《とりげりゆうじよのびようぶ》」もそうだが、これらの美人画の女たちはみんなまん丸の顔をしている。

目も鼻も小さくて、次郎左衛門雛とそっくりだ。

司馬遼太郎が「面長がなくなって丸顔の時代になった。大正が終るころから丸顔になったんじゃないか」と言っている。

しかし、この発言も昭和五十年のことであって、その後の様子を見ると、丸顔はそれほど人気があるようには見えない。

面輪という言葉がほとんど死語に近くなったのも仕方ないというべきか。

面

「おもて」とも「おも」とも読む。ともに顔のことだ。「面映《おもは》ゆい」（ほめられすぎたりなどして照れくさい）「面変《おもがわ》り」（年をとったり、病気をするなどで顔つきが変ること）「面忘《おもわす》れ」（他人の顔を見忘れる）などというように、「おも」だけで顔のことである。

「おもて」と「て」の一字がくっついたのは、左の方向のことを「左手」、行く先のことを「行手」という「て」である。

では「おも」はなにかというと『大言海』では「思う」の「おも」ではないか、といっている。心でいろいろなことを思うと、それがすぐに顔にでる。「思《おも》い」が出る方向が顔だというわけだが、こじつけのような気がしないでもない。

ついでにいうと「おもしろい」も漢字をあてると「思著《おもしる》い」である。喜怒哀楽いずれにせよ「著《いちじる》しい」「思い」が顔に出るありさまが「おもしろい」なのである。

一般には「面白い」と記されるが、これについてはつぎのような話がある。

大昔、電気もランプもなかった時代に、人々は火を囲んで手仕事をしたり、食事をしたりしていた。中で誰かが興味深い話をすると、うつむいていた人々がのけぞるように顔を上げて笑う。上げた顔に火の色が映って、白く見える。これから「興味深い」ことを「面白い」というようになったのだというのだが、どうか。

「おもしろい」が「愉快だ」とか「滑稽だ」とかの意味を持つだけならこの説もうなずけるのだが、石川県のあたりでは「おもしろい」を「けしからん」という意味に用いている。また『万葉集』にも「おもしろき野をばな焼きて」という用例もある。「おもしろい」の「おも」は「面」ではないとみるほうが正しいようだ。

幼児言葉の「おんも」ももともとは「おも」である。家の前のことを「おもて」という。遠くへ行くと迷い子になるから家の前（表）で遊んでいなさい、と母親が子どもにいう。「家の前」は「外」であり、「表」が「おんも」になり、外を意味する言葉になったのだ。

面の皮

面という字はメンという音読みの他に、オモまたはオモテという和訓があることは先に記したとおりだが、その他にもう一つツラという読み方がある。

オモ、オモテは雅語的表現でツラは口語的表現、と解説している辞書もあるが、口語的というよりはもうすこしどぎつい俗語的表現といったほうがいいのではないだろうか。

①面瘦せ　②面晴れ　③面伏せ　④面恥　⑤面構え　⑥面通し　⑦面取り　⑧面使い　⑨面長　⑩面明かり　⑪面道具　⑫面恥かし

これらの単語の、どれがメンで、どれがツラで、どれがオモまたはオモテか、お分りになりますか。「面」という字を見て、「メン」「ツラ」「オモ」のどの読みを思いうかべるかで、その人の教養、育ち、品性が分る、ときついことを言う人もいるが、そんなことは気にせず、ひとつ読んでみて下さい。

正解は②⑥⑦がメン、①③⑨がオモ、④⑤⑩がツラ、⑧⑪⑫がオモテである。

昔は「ツラ」というのもそんなに乱暴な言いかたではなかった。『枕草子』にも「五つ六つばかりなる」子どもの「ツラいと赤うふくらかなる」は可愛いものだ、と書かれている。清少納言だって「ツラ」と言っていたのだ。

今では顔全体を「ツラ」というが、大昔は、頰だけを「ツラ」と呼んでいたこともあった。

とにかく、「この野郎、どのツラ下げて来やがった」などというように「ツラ」が乱暴で下品な言いかたとされるようになったのはごく近年のことなのではないか。

いや、今でも地方によっては「顔出し」することを「ツラ出し」とごく普通にいうところもあるし、「ツラみやげ」という愉快な言葉も九州地方では残っている。

手ブラで人を訪問した時の言い訳なのだ。急いでいたものだから手土産を買うひまがなくて、このツラを土産がわりに、という意味である。

「面の皮」という言葉が罵倒語である理由は、面をツラという読みかたよりも「皮」という表現のほうにあるのではないか。

芥川龍之介の『或阿呆の一生』に解剖のシーンが出てくる。

〈死体は皆親指に針金のついた札をぶら下げてゐた。その又札は名前だの年齢だのを記してゐた。彼の友だちは腰をかがめ、器用にメスを動かしながら、或死体の顔の皮を剝ぎはじめた〉

皮という表現が出てくるが、これは死体だからである。精神をもった人間ではなく、単なる物質となった死体だから皮でいいのである。

生きている人間の場合は顔の皮膚であって顔の皮とは決していわない。皮と呼ぶことによって相手をモノ扱いして侮辱したのであろう。

「遠い」があれば「近い」があり、「高い」があれば「低い」もあるのが世の常だが、面の皮に限っては「厚い」だけがあって「薄い」はない。

「頭《ず》が高い」人もいるし「頭が低い」人もいる。「腰の重い」人もいるし「腰の軽い」人もいる。しかし「面の皮の薄い」人はいない。厚い場合にのみ「面の皮」と認識されるのである。

ではどのくらいの厚さかというと、中国の古書『北夢瑣言』に、

〈時人云フ、光遠顔厚十重鉄甲ノ如シ〉

という文句がある。

鉄甲は鉄の鎧である。鉄の鎧を十枚重ねたほどの厚さだというのだ。

光遠というのはフルネームが王光遠という人物で、進士の試験にも優秀な成績で合格したくらい頭のいい男だったらしいが、ガリガリの出世主義者で、上の者に対しては臆面もないお世辞、追従《ついしょう》をふりまく。

ある時、酔っ払った上司が「お前は私のいうことならなんでもきくというが、それならばお前の体をここで鞭うってもいいか」と冗談半分に言ったところ、光遠は「はい、どうぞどうぞ」とすぐに上半身裸になり、満座の中で平気で鞭うたれた。それも、しかめっ面ひとつせず、へらへら笑いながらだ。

その様子を見ていた友人が呆れて「あんなみっともない姿をさらして恥ずかしくないのか」となじったら、光遠は「だけどあの方のご機嫌をそこなうよりは恥ずかしさを我

慢したほうがいいよ。そのほうがトクだからね」と答えたという。

そんな話がいくつもあるところから、光遠という男は鉄の鎧を十枚重ねたような面の皮の厚い男だという噂が国中にひろまったのである。「鉄面皮」という言葉もここから生まれたものだ。

参考までに、ほんとうの面の皮——顔の皮膚の厚さをご紹介すると、日本人の成人男性の場合、額や鼻の先が一番厚くて一・五ミリ、頬っぺたは一ミリ、上まぶたが一番薄くて〇・六ミリだそうだ。

ただし、この数字は、表皮、真皮に皮下組織まで加えた「皮膚」全体の厚さであって、表皮だけだったらこの半分にもならない。

いくら光遠が図々しいやつだったからといって、鉄の鎧十枚とはよくも言ったものだ。さすが白髪三千丈の国だけのことはある。

同じ文字でも「せきめん」と読むのと「あかつら」と読むのとでは、意味がかなり違ってくる。

赤面

強迫恐怖現象の一つに「赤面恐怖」がある。見知らぬ人の前に出ると緊張のあまりすぐに顔が真っ赤になる。みっともない。それがこわくて人前に出たがらない。ことに異性や年長の人の前には出られない。

このような徴候のいちじるしいのを「赤面恐怖症」というのだが、この場合は「せきめん」と読む。気の弱い、小さい、人たちに多い。赤面恐怖症ははっきり病気だが、普通の人でも人前でとんでもない大失敗をしたりすると、恥ずかしさのあまり顔が真っ赤になる。こういう時、昔の人は「とんだ粗相をいたしまして、赤面の至りでございます」と挨拶をしたものだ。この場合も「せきめんのいたり」と読む。

「あかつら」のほうは反対に、図々しい、ふてぶてしい、悪いやつらの顔つきである。歌舞伎の敵役《かたきやく》や悪形《あくがた》のことを「赤面《あかつら》」という。敵役の多くが面構えを憎体《にくてい》に見せるために顔を赤く塗って登場するからだ。古くは勇猛な役にも赤面が用いられたが、後には廃されて、今は敵役のみになった。赤塗りともいう。

近松門左衛門の「女殺油地獄《おんなころしあぶらのじごく》」に、

〈庭も心も暗闇に、打まく油流るる血、踏のめらかし踏すべり、身内は血潮のあかづら赤鬼〉

という一節がある。放蕩者の河内屋与兵衛が隣家の女房お吉を殺して金を奪うくだりの描写である。

福田赳夫は早くから政界のプリンスといわれて総理大臣候補の筆頭に挙げられていたが、佐藤栄作らにくらべて人相に今ひとつ風格がなかった。

「お前は面構えで損しとるなア」

と親しい先輩にいわれた福田が、

「なに、今は幹事長という赤面《あかつら》役を引き受けているのでこういうツラですが、総理大臣という白塗《しろぬ》りになった時には、ちゃんとそういうツラになってみせますよ」

と言い返したという話がある。「白塗り」は顔を白く塗る立役のことだ。

福田は期待通りに首相の椅子を手に入れたが、人相のほうは白塗りになれたかどうか。

もがさ

アバタのことを昔は「もがさ」といった。面瘡《おもがさ》の略である。「いもがさ」ともいったが、これもやはり面瘡のなまりだろう。

アバタの方言は非常に多い。顔に出る症状だから衣服で隠すわけにいかず、人目につきやすかったこともあるが、実際に天然痘にかかった人の数が多かったからだろう。天然痘のことを江戸時代には「お役《やく》」と呼んだ。役は兵役、課役などの役《えき》だ。のがれることのできない義務のようなものと人々はこの病気のことを考えたのだろう。天然痘を経験してはじめて一人前の人間になるのだ、とも考えられ、一種の通過儀礼のように思われていたらしい。

それでもひどい痘痕《あばた》の残るのはいやだからできるだけ軽くすむようにと、疱瘡神に祈ったり、赤摺りの錦絵の疱瘡絵をおまじないにしたりした。

しかし、そんなもので疱瘡からまぬかれるわけはなく、津々浦々に天然痘は発生し、全国いたるところにアバタ面がいたはず、アバタの方言が多いのは当然といえよう。

三重県志摩地方では「ものくさ」という。「面の瘡《おもかさ》」だろう。新潟や群馬では「もんぞう」という。「面《も》ン瘡《ぞう》」だろうか。伊豆大島では「もんじゃあ」というが、これは

「もんぞう」がなまったものらしい。

水戸では「しぶかし」という言い方があった。栃木や千葉では「しぶっつら」といった。「しぶっつら」は「渋っ面」だろう。

あかぬけした美貌のことを「渋皮のむけた」と形容する。渋皮のむけない、みにくい顔が「渋っ面」というわけだ。「しぶかし」の「しぶ」も同じ「渋」であろう。

仙台では「じっつけ」とか「じゃっかい」というがこれはわからない。東北地方では「乾いてこわばる」ことを「しゃつきばる」というが、これとなんらかの関連があるのかもしれない。

滋賀では「たんも」といった。「も」は「面」だろう。とすると「たん」は「痘」のなまりとも考えられるが……。

他にも静岡地方での「やっかあ」、沖縄の「あじゃら」など、さまざまな呼びかたがあるが、現代の日本人にとってはまったく無縁の言葉だろう。ということを知るだけでも、現在のしあわせが再確認できる。古い言葉を探るメリットというか、喜びはこういうところにもあるのだ。

痘痕靨のすずこなり

天然痘がわが国で根絶されて半世紀以上になる。ほんもののアバタを見たことのある人はきわめて稀であろうが、それにもかかわらず「アバタもエクボ」ということわざを知らない人もほとんどいないだろう。

恋女房の鼻だったらへちゃでも可愛く思える。ひいきめで見れば欠点も美点に見える、という人間心理を言ったもので、誰しもが共感するからみんなに知られて消滅することがないわけだ。

しかし、世の中にはへそ曲りもいて、万人が「アバタもエクボ」と合唱すると、それにさからってみたくなるのだろう。

「痘痕靨のすずこなり」はそういうへそ曲りのつくったことわざに違いない。

すずこは筋子だ。筋子は鮭の卵巣から卵をとり出して塩漬けしたもので、なかなかうまいものだが、一匹の鮭で卵がいったいいくつあるのか、一粒一粒数えてみたことのある人はいないだろう。とにかく数えきれないほどの数で、その筋子も顔負けするくらいのおびただしい瘡痕がびっしり顔じゅうを埋めている。アバタといってもふつうのアバタじゃない。ほとんど顔をそむけたいくらいだが、こんなひどいアバタでも、やっぱりお前の目にはこいつがエクボに見えるというのかい、と血迷っている男に冷水をぶっかけているのがこのことわざだ。

善意に考えれば、「身びいきもいい加減にしなさい」と諌めているともとれるが、「アバタもエクボ」と素直にいうよりは、ひとひねりして「すずこなり」をつけたほうがおもしろい。

アバタの声自慢

ということわざもある。「アバタには声自慢が多い」とストレートに解釈している本もあるが、もう一足踏みこんで、

「天、二物を与えず、というが、そのかわり一物を与えないほど天は薄情でもない。アバタには美声を与えて、醜貌の埋めあわせをしてくれている」

という意味ではないか、と思いたい。

ついでながらアバタは梵語の頞浮陀（アブダ）の転じたものだ。死者を寒さなどでさらに苦しめる八種類の地獄があるとされ、これを八寒地獄というのだが、頞浮陀はその一つで、アバタのことである。

引目鉤鼻

「平安美女の特徴は引目鉤鼻で」とある作家が書いていたが、これは誤解であろう。『源氏物語絵巻』を見ると女性の顔はたしかに「引目鉤鼻」で描かれている。

しかし、これはあくまで描法であって、実際に当時の日本女性が鉤鼻であったはずはない。

鼻の形は人種や民族によっていちじるしく違う。日本人にもっとも少ない鼻のタイプは鉤鼻である。鉤鼻はユダヤ鼻と呼ばれることでも分かるように、ユダヤ人に多い。鷲のくちばしのように大きく、太く、鼻根のすぐ近くから隆起したこの鼻は、欧米人のもっともきらう鼻でもある。欧米の鼻の整形でもっとも多いのは、鉤鼻を低く小さくする手術だそうだ。

東京慈恵会医科大学名誉教授で鼻の学会理事長でもある高橋良氏によれば、日本人の鼻は「高くも低くもなく、多少幅広で、鼻すじはだいたい真直ぐで、鼻翼も強く張っておらず、形はそう悪いほうではない」とのことだが、それは近年のことで、昔はかなり低い鼻だったのではないか。

たらちねのつままずありや雛の鼻

という蕪村の前出の句がある。雛人形には鼻をまったくつけていないものもある。そういう雛を見て蕪村はちょっと冗談をいってみたかったのだろう。

鼻ぺちゃの子が生れると、母親はすこしでも子供の鼻が高くなるようにと、おまじないを唱えながら赤ン坊の鼻をつまんでやるという風習が各地にある。

この雛の親はずぼらで、鼻をつまんでくれなかったにちがいない、というのが句意である。

こけし人形だって、鼻なんか描いてないのが多い。日本人の鼻は大昔から、それくらい目立たない存在で、平安美女も例外ではなかった。筆の細い穂先で一筆、乚の形を描けばそれで「ここに鼻があるのだよ」という印になるのだ。

ほんものの鉤鼻は、英語でいう hook nose で、鷲のくちばしのように大きく鋭く曲がっている、いわゆるユダヤ鼻である。平安時代の日本女性にそんな鼻の持ち主がいるわけがないではないか。

引目もそうだ。

たしかに、昔の日本人の目は瞼も一重で細い目だが、絵巻の女性の引目は実際の細さよりもさらに一段と細い。あれは女に伏眼を強制した時代のあらわれであって、あんなに細かったわけではない、とする学者もいる。

ひとみ

黒目（虹彩）のまん中に小さい穴がある。瞳孔である。これが「ひとみ」だ、といいたいが、黒目全体のことを「ひとみ」という場合も少なくないから断定はしないでおこう。

『解体新書』では〈瞳ハ眼心ノ黒点ナリ。マタ之ヲ眼菓ト謂フ。葡萄膜ノ正中ニ在リ。万物ノ景ハ此ヨリ眼底ニ達ス〉といって、「ひとみ」のことを瞳孔だと限定しているが、一般にはそんなに厳密には区別されていない。「つぶらなひとみ」とか「うるんだひとみ」という場合は瞳孔ではなく、黒目全体を「ひとみ」といっているはずだ。「ひとみ」を瞳とか眸などと書くのは、漢字を勝手に借りてきて当てたもので、ほんとうなら「人見」と書くべきものだろう。

『大言海』にも〈人見ノ義カ〉とある。

対面した相手の目をじっとみつめると、黒目のところに人の姿が見える。それはもちろんみつめている人が映っているのだが、大昔の人はそんなこととは気がつかず、

「お、こんなところに人が見えるぞ」

と驚いて、黒目のまん中の部分を「ひとみ」と名づけたのだろう。

漢字で瞳と書くのは、映っている人の姿が小さくて子ども（童子）に思えたからだろう。欧米でも同様だ。瞳孔のことを英語で pupil、フランス語で pupille、ドイツ語で pupille とそれぞれいう。

いずれもラテン語の pupilla から来た言葉で、子どもの意味を持っている。

李白の詩に、〈項王気蓋世紫電明双瞳〉という一節がある。

項王は天下の美女虞《ぐ》美人を愛人にした中国の英雄項羽のことだ。紫電というくらいだからおそろしく鋭い目をしていたのだろうが、双瞳というのは何なのだろう。両眼の瞳のことかと思ったがそうではないらしい。重瞳という言葉もあって、項羽は重瞳だった、と別の本に記されている。一つの目に瞳孔が二つあるのをいうらしい。

ほんとうにそんな目があるのだろうか。

もっと異様な瞳もある。

「仙人の瞳は方なり」

「眼の方なる者は寿千歳」

ともいうそうだ。方は正方形の方だから、瞳が四角なことを指すのだろう。

四角な瞳だなんて眉に唾をつけたくなるが、なにしろ「白髪三千丈」のお国だから話をまともに受けとるほうが間違いなのかもしれない。

黒目

「おれの目の黒いうちは……」という。自分が元気でいる間は、という意味だ。青い目の西洋人には通用しない。日本語独特の言いまわしだ。

もっとも、青い目とか黒い目とかいっても、目全体が青かったり黒かったりするわけではない。白目にかこまれた色つきの丸い部分――医学用語では虹彩というが、これが黒目だったり青目だったりするのだ。

「黒目勝ち」というのは白目にくらべて黒目の部分が大きいことをいう。黒目がいい、美しい、という通念が前提にある。「黒い瞳の」というロシア民謡もあるし、黒木瞳という芸名を持つ人気女優もいる。黒目は壮健の証しであるとともに、美のシンボルでもある。

ただし、日本人の目が黒いというのは、日本人の勝手な思いこみであって、日本人のほとんどは茶眼である。稲村耕雄氏（東京工大教授・日本色彩研究所評議員）は著書『小事典色いろは』の中で「青い眼、茶色の眼というのは、まん中の瞳孔をかこんでいる虹彩の色をさしていいます。日本人の眼は黒いと思われていますが、虹彩は茶色の人が多いのです」と記している。

老眼

いま、眼鏡屋で老眼鏡を売っているところは一軒もない――まあ、こういってもいいだろう。いや、売っている、オレは昨日、買ってきたという人もいるだろうが、それは正確な認識ではない。あなたが買ってきたのはシニアグラスとか読書用眼鏡とかであって、眼鏡店では、決して「老眼鏡」と称して販売しているわけではない。

年をとって衰えるのは眼ばかりじゃないのに、なぜ老眼とだけ言って、老耳とか、老鼻とか老舌とかいわないのだろう。

私は目は眼鏡なしでもほとんど不自由を感じないが、耳はかなり遠くなっている。耳の衰えのほうがはっきり大きい。私のような人も少なくないだろう。それなのになぜ老耳という言葉はないのか。

体の部位で、上に老の字がくっついているものは他にあるか、と富山房の『詳解漢和大字典』で探してみた。

「手」と「脚」しかなかった。

しかも「老手」は賞の言葉ではないか。「物なれたうでまへ。又その人」とある。「老脚」のほうは「年よりのあし、老人の歩」とあるが、衰えたとか弱ったなどとは書かれていない。「老眼」だけが「年とって弱った眼力」となっている。

これはあきらかに「眼」に対する差別ではないか。

ついでにいえば、「年とって弱った眼力」の「眼力」にも文句をつけたい。「眼力」と「視力」は違う。眼力は「がんりょく」とも読むが「がんりき」が本来で、「物事の真偽・善悪を見分ける力」である。漢和辞典の中には「視力」と同意義だとしているのもあるが、実際には眼力を視力の意味で用いている人はいない。少なくとも私の知る限りはない。

弱ったのは「視力」であって、「眼力」のほうは年をとって人生経験を積んだから若い時よりずっと強くなったぞと思っている老人は多いのではないか。

青眼

「青眼に構える」という言い方がもっとも馴染みの多い例だ。剣道の構え方の一つで、剣の切先を相手の眼にむける。剣を頭上に振りかぶる上段の構えに対して、これは中段の構えである。正眼と書くこともある。もっとも多く用いられる構え方だから、この「正」は正常位の正だろう。

別に、親しい人を喜び迎える好意にあふれた目つきのことを青眼という。

中国の晋の時代に「竹林の七賢」と呼ばれた隠者たちがいた。老荘思想を学び、自然の風雅と酒や詩を愛した哲学者たちだ。この七賢の一人の阮籍《げんせき》が親しい人を迎える時には青眼を以てし、きらいな人の時には白眼で迎えたという故事から生まれた言葉だ。

白眼は分かるが、青眼とはどんな目だろう、ほんとうに青色になるのか、と首をかしげる人も多いだろう。青というのはややこしい文字で、青馬といえば、黒毛の馬のことをいい、また白馬のこともいう。白毛に黒や茶の差し毛のある葦毛の馬のこともアオといって、はなはだあいまいだ。

青雲の志、というのは立身出世したいとの望みのことで、青は高い、立派な、といった意味をあらわす。一方、青二才とか青くさいといって未熟さをあらわす文字でもある。

岡目

この言葉だけ口にすることはまずないだろう。「岡目《おかめ》八目《はちもく》」という成句でしか用いられない。

他人が打っている碁をわきから見ていると、意外によく見えるもので、打っている当人より八目先は読める。このことから当事者より局外者のほうが状況を冷静に判断できることを「岡目八目」というようになった。

岡は山の小ぶりの、小高い場所のことだが、そういうところに登って、平地でのいさかいを眺めれば、視野も広く、自分の身に直接の利害も及ばないから公平沈着に観察できることはたしかだ。

そんなことから「岡」という文字は、本来の場所やものからはずれたわきの場所、またはもの、あるいは事柄の意味で用いられるようにもなった。

江戸時代には吉原が公認の遊廓であったが、それ以外にも私娼窟など、各所に売春する場所があった。これを「岡場所」といった。「岡惚れ」というのは、はっきり誰それの恋人とか女房とか分かっている女性に、勝手にわきから惚れることだ。近ごろはやりのストーカーも岡惚れの一種といえよう。

一つ目

当然だと思っていることをあらためて正面から問い直されると驚くことがある。「なぜ、目は二つなのか」というテーマもそうしたものの一つだろう。

東京歯科大学助教授の坪田一男氏が『眼の健康の科学』という著書の中で、〈なぜ眼は一つでもなければ三つでもないのか。どうしてこんなにもたくさんの動物が目をきちんと二つずつ持っているのだろう〉

とこのテーマを採り上げている。

坪田氏の回答をきわめて大ざっぱに紹介すると、二つ目が一つ目にくらべて決定的に有利なのは、立体視ができることで、これは当然というか、必然なのだが、では三つ目、四つ目、五つ目がないのはどうしてかというと、これは単なる偶然としか考えられない、というものらしい。

ちょっと補足すると、二つ目だからといって必ず立体視可能ではなく、馬や鹿のような草食獣は目が顔の両側についていて、同じ方向をむいていないから立体視はできない。肉食獣の襲撃から身を守らなければならない草食獣にとっては、立体感などより広い視野のほうが大事だからである。

ところが、この立体視もできず、視野も広くない、不自由きわまる一つ目が、わが国の伝承の世界では大いに活躍している。

「一つ目小僧」は日本の妖怪伝承の中で、もっとも広く伝わるものの一つだ。古い時代には、自分が神の一族であって、一般人とは違う存在だということを示すために、栗のいがや松葉や竹などでわざと自分の目をついて潰した者がいた、と説く民俗学者もある。一つ目に神性を感じたのだろうか。

西洋にも一つ目巨人伝説がある。ギュスターヴ・モローやオディロン・ルドンが描いた一つ目巨人の絵は有名である。同じ一つ目でも、日本は小僧であり、西洋は巨人である。この違いはどのような理由からだろうか。

目借り時

晩春の季語である。平凡社の『俳句歳時記』には「めかり時」が見出し語になっており、「暮春の頃の夜、人が頻りに睡眠を催すことがある。それは蛙に眼を借りられるためだといわれている」とある。講談社の『日本大歳時記』には「蛙《かわず》の目借時」が見出し語だが、これでは長過ぎるので、実際には「目借り時」だけで詠まれることが多い。

春眠暁を覚えず、ともいうし、春は眠いシーズンであることはたしかだが、蛙に目を借りられてしまうから眠いのだ、とは珍説である。誰がどんなことから思いついて言い出したのだろうか。

「目借り時」は宛字《あてじ》であって、正しくは「蛙の妻《め》狩《か》り時」なのだ、と説く人もいる。「妻狩り時」はオスの蛙がメス蛙を求めてぎゃあぎゃあ鳴きたてる時間帯のことだ。ちょうど人間が昼間の疲れでうとうとと眠気をもよおすころに当たる。

目借時神に泪を拭はれて　堀口星眠

目は借さじ富士を見る日は蛙にも　也有

目口かわき

こまかいことに一々文句をつけて、口うるさい人のことを「あの人は目口かわきだから」と昔はいったものだ。

落語の「小言幸兵衛」の家主の幸兵衛さんなぞはその代表だろう。

「おいおい、魚屋、なにしてるんだよ。魚をこさえるのはいいが、はらわたをそうむやみにまきちらしちゃあこまるじゃねえか。蠅がたかって不衛生でいけねえ……のり屋のばあさん、そんなとこで、赤ん坊に小便やらしちゃあいけねえなあ。あとがくせえじゃねえか……あっ、くせえといえばどこの家だい？　こげくせえや。めしがこげてるよ。熊公んとこだな。のべつあすこじゃあめしをこがしてやがら……」

といった調子だが、こういう人物は落語の世界だけでなく、現実にもけっこう多いようだ。

『新・売りことば買いことば』（芳賀綏《やすし》）につぎのような話が出ていた。

〈劇作家の中野実氏が折り詰め料理の見本を前に、小料理屋のおかみさんに注文をつけた。「キントンなんて、あまいものはいらないよ。会に集まる諸先生はみんなお酒のみですからね。」「それからこのエビの向き具合が面白くないね。シッポをこう向けて、折り箱からちょっと外に出るように……」――芸が細かい、苦労人だと、同席した井伏鱒二氏が観察した。

次の日もまた見本の検分、「おかみさん、あまいものが一つもないじゃないか。御婦人の来会者があるかもしれないよ。」「エビのシッポがはみ出ていると折れるおそれがありますよ。」――井伏さんは吹き出すのをこらえ、おかみさんは神妙にうなずいていたという。中野さんは大まじめだったそうだ》

中野実は新派や新国劇の脚本を書き、芸術祭賞も受けた人だが、失礼ながら「目口かわき」の典型のようだ。

ふつうは「目口乾き」と書くが、目や口が乾燥しているわけではなくて、飢渇状態にあるのだから「目口渇き」と書いたほうがいいのでは。

「目口かわき」の人にとって、他人のあらや物事のミスは水や食べものと同じようなものなのだろう。それにありつけないと、目も口もカラカラに渇いてしまうのだ。

目くばせ

「目くばせ」と「目くばり」を取り違えて使っているテレビの女子アナウンサーがいたのにはびっくりした。一字違いだが、意味は十字分も二十字分も違う。

「目くばせ」は文字どおり目の動きのことだが、「目くばり」は目ではなく、気持ちの問題である。心の動きをいう言葉だ。あちらこちらによく注意をはらって、落ち度のないようにするのが「目くばり」である。目くばりはいくらしてもいいが、目くばせは必ずしもそうではない。

〈桐崎が目くばせしたので、私は窓際の自分の机から立って〉（仁木悦子『緋の記憶』）

桐崎は「私」と同じ秘密探偵社のスタッフで、客の女性に気づかれぬように、「私」にむかってあるサインを送ってきたのである。

「目くばせ」はこのように、第三者に気づかれぬように、当事者同士だけで、目つきでサインを送ることであって、第三者にとってみれば不愉快なことだ。

あまりしょっちゅう目くばせばかりしているような人間はまわりの者からきらわれることになる。

「目くばせ」は「目くはせ」の訛ったものだと『大言海』にはある。では「目くはせ」

はなにかというと「目食わせ」で「目と目を食い合わせる」ことで、当事者同士が目と目を合わせてなんらかの意思を通わせることである。

これとは別に「目交《めかわ》せ」の転か、という説もある。

「目まぜ」という言い方もあって「目くばせ」とまったく同義だが、これは漢字をあてれば「目交《めま》ぜ」である。

それはそうと、余計なお節介かもしれないが『広辞苑』の「目眴《くば》せ」の用例に「そっと目眴せする」とあるのがおかしかった。目くばせはそっとするにきまっているではないか。「突然、電話が鳴った」と同様、よく使われるけれども、考えてみれば滑稽な表現である。

見下す

「みおろす」とも「みくだす」とも読める。「みおろす」のほうを辞書でひいてみると、〈㈠下の方を見る。俯瞰する。㈡見下げる。侮る〉（『新潮国語辞典』）とあり、「みくだす」は『新明解国語辞典』では㈠が消えて「相手を軽んじた態度で見る」だけが載っている。

旧制高校の生徒はとびきり高い朴歯の高下駄をはいた。またその校舎は、〈向ケ岡にそそり立つ〉（一高寮歌）〈紅萌ゆる岡の花〉（三高逍遥歌）などの歌詞にもあるようにことごとく高台に立地した。社会のエリートとして一般庶民を「見下す」気概を涵養するためだった、と聞かされたことがある。

今は平等公平がなによりの美徳とされる世の中だから「見下す」なんて言葉は間違ってても口にしてはならないが、医学的見地からいうなら「見上げる」よりは「見下す」ほうが眼の健康のためにははるかにいいのだそうである。

見上げると、瞼が上って眼の露出面積が大きくなる。見下すと、逆に小さくなる。目の露出面積がひろがることはすなわち目を護っている水分（涙）の蒸発量が増えること、目が疲れやすくなるのである。

テレビの初期のころは、テレビを四本足の台の上にうやうやしく置き、人間は畳の上にすわって、見上げるようにして視聴していた。今は逆で、人間のほうが四本足の椅子に腰かけ、低い位置のテレビを見下している。このほうがずっと楽なのである。

見下すことが気持ちいいのは、単に高いところにいるという心理的な理由からだけではなく、生理的にも納得できることなのだ。

瞼の母

瞼はマブタと読む。目蓋である。

瞼はなんのためにあるか、と問われれば「閉じるためにある」と答えるのが正解のようだ。

魚には瞼がない。目を閉じる必要がないからだ。なぜ魚は目を閉じなくていいのか。いつも水の中にいて目が乾くことがないからだ。だから魚たちは目を剝き出したままでずっといられる。

目はまったく乾いてしまったら物を見ることができない。だから陸上動物の目には涙腺ができ、そこから絶えず涙があふれて目を濡らしている。陸上動物の目は涙の海の中にあるわけだ。この海の水を外へこぼさぬように守るためにできたのが瞼である。

だから瞼は閉じるためにあるもの、というのが正しいのである。

「俺あ厭だ、厭だ、厭だ、だれが会ってやるものか。俺あ、こう上下の瞼を合せ、じいっと考えてりゃあ、逢わねえ昔のおッかさんの俤が出てくるんだ……それでいいんだ。逢いたくなったら俺あ、眼をつぶろうよ」

というのはご存じ番場の忠太郎である。

彼もまた目をつぶることが人生にとってどんなに重要な役割を果たすかを説いている。こんなところに長谷川伸の『瞼の母』を持ち出したのをこじつけだと思わないでほしい。ちかごろの国語辞典は【瞼】の項にちゃんと〈【瞼の母】死別したり、遠く離れたりしていて会えず、記憶や夢の中だけにある母の面影〉（『大辞林』）と説明している。瞼は閉じるもの、瞼を閉じれば母の面影、という三段論法にならないわけにはいかないのだ。

人中

ニンチュウともジンチュウとも読む。鼻の下から唇の上縁に至る、みぞのようにくぼんだところの名称である。鼻溝ともいうが、人中と呼ぶ人のほうが多い。

鼻の下だから位置的にいえば、人体のかなり上のほうだ。これを「人」の「中」だと名づけたのはどうしてなのか。臍こそ「人中」と呼ぶのにふさわしいのではないか、と疑問を持つ人は多いことだろう。

鼻の下を「人中」と呼ぶ意外な理由が『輟耕録《てっこうろく》』という昔の本に、〈唇の上、何を以て之を人中と謂う。若し人身の中半を曰わば、則ち当に臍腹の間に在るべし。蓋し此よりして上、眼耳鼻みな雙竅。此より下、口ニ便におよびながら単竅〉と書いてあるそうだ。竅はキョウと読んで「穴」のことである。

人体には目や鼻の穴から尻の穴、尿道、膣などいくつも穴があいているが、左右が対になっている二つ穴と、一つ穴と二種類ある。この二種類がばらばらに存在しているのではなく、鼻から上と下とにきっちり分かれている。

鼻から上にある人体の穴は、眼も耳も鼻もみんな二つ穴だが、鼻から下にあるのはどれも単孔だ。つまり鼻溝を境にして、これより上が二つ穴、これより下が一つ穴で、鼻溝はその上下を分ける区切りだから「人中」と呼ぶことにしたのだ、というわけなのだ。

そういう重要な場所だからなにかとイワクがつきやすい。

人中に怪我をしたり、腫物《できもの》ができたりするとなかなか癒らないものだ、といわれる。人相学では人中にホクロがあるのは凶相だといわれる。人中の下方にホクロのある女性は淫乱だと思いもよらぬ批判までうける。

とにかく、人中はないがしろにはできない場所なのである。

ラテン語では人中のことを philtrum というのだそうだ。これはギリシャ語の philtron に由来するもので、もともとは媚薬のことなのだという。

古代ギリシャ時代には、惚れてなんとかしようと思った相手には、媚薬をその相手の人中に塗りつければ、思いがかなえられると信じられていたらしい。

鼻下長

ビカチョウ、と読む。意味は文字面《づら》どおり鼻の下の長い——つまり、女にでれでれと甘い男のことである。

「鼻の下が長い」という言いかたは「鼻の下を伸ばして」と同様、今でもごく普通に使われているが「ビカチョウ」のほうは廃《すた》れた。戦前は小説や随筆などにもよく出てきた。「鼻下長氏」と「氏」をつけたりすることもあった。

鼻の下が長いのがどうして好色家のしるしになるのだろうか。

人相学では「人中」が長いのは「長寿の相」とされている。「人中」は鼻の中央の下から上唇にかけて伸びている溝のことだから、「人中」が長いのはすなわち「鼻の下が長い」ことで、長寿と好色では話が違うじゃないか、ということになる。

一九九七年二月に百二十二歳になり、世界最高齢者になったフランスの女性ジャンヌ・カルマンさんの写真が読売新聞に大きく出ていたが、鼻は大きいけれども鼻の下は長くない。やや垂れ気味の大きな鼻頭に隠れるぐらいで、むしろ短いほうだ。

長命のほうもあてにならないなら好色のほうもそうかもしれない。

「鼻の下が長い」というのは「鼻たらし」と似たような意味合いで、愚か者よ、というあざけりの表現だったという説もある。

「鼻毛を読まれる」という言葉がある。女のいうままになって、体よくあしらわれることである。鼻の下が長いと、女もしっかりと鼻毛を読むことができるだろう。

そんなことから鼻下長は女に甘い愚か者、ということになったのではなかろうか。

鼻の下が長いというのは何センチ以上をいうのか。鼻の長さとの、あるいは顔全体の大きさとの割りあいはどんな具合なのだろうか。

鼻の高さのほうはちゃんとした測り方がある。両眼の中央で鼻の隆起がはじまるところを鼻根正中点というが、ここから鼻の先端までの長さ、つまり鼻長と、左右の小鼻の端から端までの鼻幅を測り、前者で後者を割った数字に一〇〇を掛ける。

この数字が小さいほど鼻は細くて高く、すんなりしていることになる。日本人は大体七〇から八五ぐらいが標準だが、最近の若者には七〇以下の者がかなり増えた。

鼻の下にもこうした数字があって、三〇から上は好色、五〇以上はドスケベと一目瞭然になると愉快だが……。

鼻も動かさず

顔の道具立ての中で、鼻は本来、あまりじたばた動かないものである。目や耳とは違う。動かないほうが普通なのに、わざわざ「鼻も動かさず」というような成句が生まれたのはなぜだろうか。

「眉一つ動かさない」という形容もあるが、これは危機に際してあわてることなく落ちつき払っている、という賞め言葉である。これに対して「鼻も動かさず」のほうは、どちらかというとけなし言葉である。

「鼻も動かさずに手のよい抜け句をおおせらるる」という用例が辞書には出ている。「抜け句」というのは言い逃れのせりふのことだ。ぬけぬけと言う文句、というところから生まれた言葉だろう。「とりすましたお顔で、ぬけぬけとよくそんな調子のいい逃げ口上をおっしゃるものね」という意味である。「とりすました顔つきや様子」を揶揄的に表現したのが「鼻も目も動かさず」であって、これは相手の気を悪くさせるしぐさなのだ。

では、鼻は動かせばいいのか、というとそうでもない。

「鼻をうごめかす」

しゅくを買う。

というのは、どうだい、おれの腕前は、と得意になった時のふるまいで、周囲のひん

「小鼻をふくらます」

というしぐさもあるが、これも他人には歓迎されない。不平、不満をあらわす表情だからだ。

「鼻を鳴らす」(相手にわざとらしく甘えてみせること)のも「鼻をひる」(くしゃみをする)のも鼻を動かすことだが、両方とも行儀のいい行為とはいえまい。

「鼻が曲がる」という言葉もある。「鼻が曲がりそうなひどい臭い」というように、強烈な悪臭の形容であって、実際に鼻が動いて曲がるわけではないが、これも愉快でない状況の表現である。

鼻を動かすことはほとんど周囲に迷惑をかけるばかりだ。といって、動かさずにいればいたで、文句をつけられるし、鼻の処置は意外にむつかしいものらしい。

忘れ鼻

現代は目立ちたがりの時代だ。男が茶髪にしたりピアスをはめたりするのも、目立ちたい一心からだろう。目立つことは現代人の欲求、いや美徳とさえ言っていいかもしれない。しかしそんな中でもやはり例外はある。目立たないほうがいいものだってあるのだ。その代表がこれ。高からず、低からず、鼻の穴が天を向いているとか、小鼻が張っているとかの特徴もなく、言い替えれば、存在感のまったくない鼻のことだ。花柳界の用語。

「彼女、どんな鼻をしていたっけ」

といわれてもどうしても思い出せない、印象の薄い鼻だという意味からできた言葉だろうが、こういう鼻の芸者はいい客がつく、といわれている。なるほど、と思う。芸者と遊ぶのは気を休め、心をくつろがせるためなのだ。高い鼻や威張った鼻は女房だけでたくさんだ、と客の男たちは思っているにちがいない。

山本富士子のような、バーブラ・ストライサンドのような、鼻が一番印象に残るようなタイプの女性は花柳界には向かないようだ。

おはなこ

鼻くそのことである。ただし、この言葉を使うのはきわめて限られた人々だ。『通販生活』という雑誌がある。通信販売のカタログ雑誌だが、その雑誌に、〈子供が人前で鼻くそというのが気になります。くそというようなきたならしい言葉を口にさせたくないのですが、鼻くそのほかの呼びかたはないのでしょうか〉という京都の女性からの投書が寄せられた。

鼻くそは「鼻糞」とも「鼻屎」とも書く。糞も屎も大便のことである。鼻から出てくる大便という意味で鼻糞といったのだろうが、たしかに汚い言葉で口にしたくない気持ちは分かる。だが、これに代る言葉がみつからないのも事実だ。雑誌編集部では、投書を誌上で紹介し、読者からのお知恵拝借を求めた。それに応じて寄せられたのが広島市の女性からの投書で、〈昭和二十六年ごろ、斉藤文雄医学博士の講演を聴講したが、その中で宮家では「ハナクソ」のことを「オハナコ」と言うというくだりがあった〉というのがあったとのことだ。

「お」は「おはもじ」(恥ずかしいこと)、「おすもじ」(「鮓」)、「お菓子」、「おみやげ」などの、接頭辞としての「お」だろうし、「こ」は「駈けっこ」「ぺしゃんこ」など接尾辞としての「こ」だろう。「おはなこ」とはきれいな呼び方で、いかにも江戸時代の大奥でも使っていただろうと思わせられる言葉だ。

しかし、編集部で宮内庁や文化庁に問い合わせてみたところ、今はそんな言葉は使っていないし、以前も使っていたかどうかははっきりしないとの返事だったそうだ。たしかに鼻糞という表現は美しくない。女性が口にするのをはばかる気持ちは分かる。もっとやわらかな言い替え言葉はないものなのか。東條操編の『全国方言辞典』を見てみると、やっぱりあった。

〈はなだまり　鼻くその女房詞。仙台（浜荻）〉とたった一行ではあるが、りっぱにある。

「おはなこ」ほど美しくはないが、それでも「鼻糞」よりはずっといい。仙台の人は利口だ。

「たまり」は「溜り」で、サンズイがつくくらいだから「水溜り」や「溜り醤油」などがすぐに思いうかぶ。「鼻糞」よりも「鼻汁」の呼び名のほうがふさわしいという気もするが……。「行司溜り」とか「武者溜り」「人溜り」など、液体でない溜りだってあるのだからまあいいか。

鼻糞といえば、「目糞、鼻糞を笑う」ということわざもあるように、「目糞」という相棒がいるが、目糞のほうは「目脂《めやに》」「目垢《めあか》」などの言い替えの言葉がある。脂、垢も決してきれいな言葉ではないが、糞ほどひどくはないから、目脂、目垢なら人前で子どもが口にしてもはずかしいというものではないだろう。鼻糞としか言いようがない鼻糞と、目脂、目垢の言い替えができる目糞と——やはり後者のほうがちょっと格上で、目糞には鼻糞を笑う資格があるのかもしれない。

口あしらい

〈敗戦後、間もなくのことだったと思う。詩人の三好達治が日本語の失墜を嘆いていた。たとえば「口あしらい」というよい日本語があるのに、どうしてリップ・サービスなどという妙なことばを使うのか。

私はなるほどそのとおりと思い、それでそのことを憶えている〉

と京都大学名誉教授の多田道太郎氏が「外来語」という文章の中で書いている。

私もなるほどとは思ったが、私自身「口あしらい」という言葉を知らない。これまでに耳にしたこともない。念のために、と辞書を調べてみたが、『大言海』にも『岩波古語辞典』にもない。新しい辞典類にはもちろんない。

いつごろ、どういう人々によって、どのように使われていた言葉なのだろうか。「鼻あしらい」という言葉なら『広辞苑』にも『大辞林』にも載っている。「鼻の先であしらうこと。きわめて冷淡な態度をとること」である。

「口あしらい」のほうは「リップ・サービス」と同義語だというのだから、あしらうことはあしらっても冷淡な態度はとらないのだろう。表むきだけは好意的であるかのようによそおい、その実は誠意がまったくないのを「口あしらいがうまい」というのだろう。

辞書にはないけれども、言葉としては美しいし、こういうやまとことばを活用するようにしてもいいのではないか。

近ごろは「育児」を「子育て」といい、「走行」といっていたのを「走り」というようになった。やまとことば的表現が好まれる傾向がある。

「口あしらい」も生かしたい言葉だ。

「人あしらい」「主《しゆう》あしらい」「客あしらい」などという言葉はちゃんと生きているのだから。

「人あしらい」は「人をもてなすこと、またその仕方」。「主あしらい」は「相手を自分の主人のように丁重にもてなすこと」、「客あしらい」は「客をもてなすこと」である。

味噌っ歯

乳歯や虫歯のことを俗に味噌《みそ》っ歯《ぱ》という。

『大言海』には〈転ジテ、小児ナドノ、歯ノ薄黒ク腐蝕シタルモノ〉とある。

要するに、一人前でない、駄目な歯のことだが、どうしてそれが「味噌」なのだろう。日本人にとって、味噌は日常の食生活に欠かすことのできない重宝な食材なのに、ろくなたとえに用いられない。

失敗して面目を失うことを「味噌をつける」というし、役人をあざけって呼ぶのに「味噌役人」とか「味噌用人」とかいう。「味噌すり坊主」とか「味噌っかす」という言葉もある。悪しざまに言う時に限って持ち出されるのが味噌だ。味噌のために義憤を感じる。

乳歯が脱け落ちたり、虫歯が欠けたりして、味噌っ歯の歯ならびはがたがたと形の悪いものだが、近ごろの子どもの歯ならびは昔と違ってよく整っているようになった。

味噌っ歯の子どもが少なくなった、ということなのだが、これは必ずしも喜ぶべきことではないらしい。

乳歯は七、八歳から十一、二歳の頃までに脱け落ちて、永久歯と生えかわる。生後半年ぐらいから生えている乳歯にくらべれば、あとから生えてくる永久歯のほうが当然大きい。

幼児の歯ならびが隙間だらけで恰好が悪いのは永久歯のためのスペースをあらかじめとっているからなのである。

ところが近ごろの子どもは歯と歯の間の隙間がなく、きれいな歯ならびをしているものだから、困るのはあとから生えてくる永久歯のほうだ。スペースのゆとりがないから押しあいへしあいになる。

幼児の時にきれいな歯ならびだった者は、大人になると歯ならびが悪くなるのである。子どもの時はやはり子どもらしく、味噌っ歯なのがいい、というわけだ。

近ごろの子どもたちの歯ならびがきれいになったのはなぜか。

ハンバーガーのせいである。昔の子どもはスルメをかじったり、栗の実の皮を歯で噛みちぎったりしたが、今時、そんなことをする子どもはいない。田舎の子どもでもハンバーガーやチョコレートなど歯ごたえのないものばかり食べているから顎が発達しないのである。

顎が小さくなり、口の中の面積も狭くなったので、ちっぽけな乳歯でも隙間ができない。きれいに並んでしまうのである。

歯ならびのもっともよろしくないのを乱杭歯という。

乱杭のほんものを見たことのある人はほとんどいないだろう。敵の侵入を防ぐために、河の底や地上に、おびただしい数の杭を不規則に打ちつけたのを乱杭というのだが、それにも匹敵するぐらい、歯がでたらめに生えている有様をいったものだ。

人相学上も乱杭歯は凶相とされ、乱杭歯の女性は夫をしばしば替えるとか、乱杭歯の男性は陰萎である、などといわれる。

総体的に顎が小さくなった現代日本人には当然、乱杭歯が多いはずなのに、実際に見かけることは少ない。

歯列矯正が普及したせいだろう。小学生の女児なんかで歯に金属製のバンドやワイヤなどをとりつけているのをよく見かける。

本来なら乱杭歯であるはずの人が人工的に矯正して正しい歯ならびになった場合、人相学上はどういうことになるのだろうか。

八重歯

「日本の常識、世界の非常識」の例はいくつもあるが、八重歯の愛好もその一つだろう。ことに女性の八重歯は可愛らしいとされて、戦前は八重歯を売りものにした映画女優もいた。普通に生えている歯のわきに重なるように生えているのを添歯とも八重歯ともいうのだが、八重というのはいかにも大袈裟だ。

日本語には「八重桜」とか「八重垣」とか「八重山」「八重畳」「八重霞」など、八重を冠した言葉が多いが、いずれも褒めて言っている言葉だ。八重歯を可愛いと思う気持ちが、ほんの一つ重なっているだけの歯を八重歯と呼ばせたのだろう。

歯科の専門用語でいうと「上顎犬歯の低位唇側転位」であって、歯列不正の一種とされる。

八重歯は犬歯の上に重なっているから、ちょっと見ると、犬歯が伸びているように見える。犬歯は食肉獣でいえば牙であって、鋭く大きい。草食獣では退化している。人間でこの犬歯が伸びるのはドラキュラである。吸血鬼だ。だから西洋人は極度にこれを嫌う。

日本の若い娘が八重歯をことさら誇示するようにニコニコ笑っているのを見ると、肝をつぶす。

今は国際化の時代だから、こうした西洋人の気持ちや考えも伝わって、日本でも八重歯を矯正する人が増えた。星由里子さんが東宝映画からニューフェイスとしてデビューした時八重歯を矯正して話題になったのは有名な話だが、当時はまだ八重歯がそれほど嫌われていなかったので話題になったのだろう。

八重歯人気は今ではすっかり衰えたといってもいい。と同時に八重歯という言葉自体も死語に近くなって聞かれなくなった。

親知らず

第三大臼歯のことである。歯列の一番奥に上下左右一本ずつ、四本でひとそろいというこ とになっているが、近頃は四本全部しっかり生える人は少ない。一本も生えない人が増えてきている。

「親知らず」というような奇妙な名前がつけられたのは、これらの歯の生えはじめがきわめて遅いからだ。

人間の歯は乳歯が生後六カ月から八カ月後から生えはじめ、それに代って永久歯は六歳ごろから萌出する。全部で三十二本が定数だが、そのうち二十八本までが十二、三歳までに生えそろう。

そのあと、十七歳ごろから、遅い人だと二十歳ごろからのこのこと生えてくるのが、一番奥の第三大臼歯なのである。

「人生五十年」といわれてきたが、実際に日本人の平均寿命が五十歳を超えたのは、戦後の昭和二十二年からのことであり、それ以前は「人生五十年」に満たなかったのである。

かりに五十歳で死んだとしても、三十歳過ぎてから生んだ子の第三大臼歯が生えはじめたかどうかを知ることはできない。

わが子の三十二本の歯が全部生えそろうのを確認することがかなわないまま親はあの世へ行ってしまわなければならない。

歯の立場からすれば、親の顔も見ることができない哀れな子よ——そんな気持ちから「親知らず」と名づけられたのだろう。

「親知らず」という地名は全国各地にある。新潟と富山の県境の海岸の「親不知・子不知」は中でも有名だが、この「親知らず」は歯の「親知らず」とは意味あいが違う。急峻な峠や海沿いの断崖などの難所につけられた名称で、自分一人ですらこの難所を無事に通りぬけられるかどうか。親のことなんか知っちゃアいない、構ってなんかいられないよ、というはなはだ不届きな意味なのだ。

親の顔も知らずに生まれてきたかわいそうな第三大臼歯よ、と同情を注いだ命名とはまるで違うのである。

英語ではwisdom toothという。他の歯と違って知恵がちゃんと発達してから生えてくる歯という意味だろう。日本の百科事典でも「智歯」の見出しで採録しているものもある。

しかし、歯科医にいわせると、この第三大臼歯は発声にも咀嚼にも、なんにも役に立たない無用の長物だそうだ。生え方が悪くて炎症をおこし、歯医者を儲けさせる以外にはなにもない能なしなのだそうである。

歯固め

結婚式にむやみにお金をかけるようになったのは、そんなに遠い昔からのことではないようだ。酒井卯作という民俗学者が、

〈大分県海岸よりの村でも、当人同志の約束を「歯固め」といって、酒と豆腐を買って披露しておけば、村の人たちはもう夫婦だと思いこんでいたものです。つまり酒一升買って知人親戚に披露さえしておけば、それはもうちゃんとした自分の女房なのです。「どうだあの娘といっしょにならんか、酒を買ってくるから」などと世話好きの先輩などにいわれてそれを承知さえすれば、面倒な式なんかあげなくても、それだけで自他ともに許された仲になるのがもっともふつうの例でありました〉

と、その著書『陽気なニッポン人』に書いている。

「歯固め」は、ふつうには、正月または六月に餅や勝栗などを食べる行事のことをいう。固いものを食べて歯を丈夫にし、長寿を願うのである。

「年歯」という言葉もあるように、歯と年齢とは密接な関係がある。齢という字だって歯偏ではないか。動物は歯がなくなれば獲物が食べられないから死ぬしかない。歯は生命のしるしなのである。

結婚披露を「歯固め」と呼んだのも、結婚が生命を生み、伝えてゆく行為だということからではないだろうか。

『枕草子』に、似げなきものは〈歯もなき女の、梅食ひて酸がりたる〉とある。「歯もなき女」は「老女」である。年がいもなく孕んだりした老女くらいサマにならないものはない、と罵っているのである。

歯は、いつまでも固くありたいものだ。

唾をつける

他人にとられないようにあらかじめ手段を講じておくことを「唾をつける」という。実際に、子どもなんかは自分の好物を人に食べられないように唾をぬりつけてみせることがある。そういうことからこの言葉が生まれたのだろうが、そのほかにも人はいろいろな場面に唾をつける。

相撲で仕切りをする時に、両手を勢いよく打ちあわせ、その掌にペッペッと唾をしてからにぎり拳をつくって土俵に手を下す。

綱引きで、綱を両手でつかむ前にも同じようなことをする。さあ、やるぞ！　と元気づけるためで、唾には一種の霊力があると信じられているのかもしれない。

ちょっとした火傷や擦り傷をつくったりした時にも、その箇所に唾を塗りつけておくといい、と私も子どものころ大人から教えられたものだ。

眉に唾をつけることもある。

昔は、狐や狸が人を化かすとかなり本気で信じられていて、夜、狐狸の出そうな野道を行かなければならない時には、眉に唾をつけて歩いたという。そうすれば化かされなくてすむというのであった。

平安時代中期の人で藤原秀郷は平将門の乱を平定した武勇の人だが、巨大なムカデを退治したエピソードと、俵藤太という異名とで有名だ。彼がやっつけたムカデは口から火を吐く怪物で、火炎のためにムカデの姿が見えず、秀郷は一時はあぶなかったのだが、眉に唾をつけて立ちむかったところ、炎はたちまち消え、ムカデの正体がしっかりと見えたので退治することができたのだという話だ。

ここから眉に唾をつけると相手の正体が見えるという言い伝えが生まれたものらしい。中国にも似たような伝説があるが、唾はきたないものと思われる一方、このように霊力を秘めたものとして扱われてきた。

日本で、はじめて米で酒をつくったのは瓊瓊杵尊《ににぎのみこと》の嫁さんになった木花開耶《このはなさくや》姫《ひめ》とされている。『日本書紀』に姫が「狭名田《さなだ》の田稲をもちて、天甜酒《あまのたむざけ》を醸《かも》し」とあるのがそれだが、「醸《かも》し」というのは「嚙みし」が転じたもので、米を嚙むのである。

まだ麹のなかったころだから、米を嚙み砕いて澱粉を糖化させ、醗酵をみちびいたのだ。『日本書紀』なんて古いことを持ち出すまでもない。明治時代でもあちらこちらの農村では若い娘たちに米を嚙ませて酒づくりをしていた。

米が醗酵するのに娘たちの口中の唾が大きな効果を発揮したことはいうまでもない。

沖縄地方では娘よりも老婆の嚙んだ米の酒のほうがはるかにうまいと珍重されていたともいう。歯は娘のほうがいいにきまっているから唾の違いだろうか。婆さんの唾なんて、と尻ごみするのは酒の味の分からないやつだと軽蔑されても仕方ないのだ。

私は見たことはないが、天気を占うのにも唾はなかなか役立っていたらしい。

皿や壺に水を入れ、その上に唾をパッと吐く。その唾が固まったまま水の中に沈んでいけば、明日の天気は雨、水の上に浮くようにパアーッとひろがれば晴、とされ、的中率は大変よかったそうだ。

「天に唾《つばき》す」とか「唾棄」などの言葉があり、嫌われ者の代表のような唾だが、一方ではありがたがられてもいたのである。

人間だってそうだ。百パーセント悪いやつもいないし、百パーセントの善人もいない。うまい話には眉に唾をつけて聞くようにしたほうがいいのと同時に、毛嫌いして唾を吐きかける前に、もう一度相手を見直す必要があるのではないか。

小舌

「のどちんこ」というのはもちろん誰でも知っている。口の奥、喉の上から下にむかって垂れさがるようにくっついている小さな円筒状の突起のことだ。

「のどちんぽ」ともいう。「ちんこ」も「ちんぽ」もペニスをあらわす幼児語だ。だから といって男性の場合のみいうわけではない。女性でも「のどちんこ」は「のどちんこ」である。

しかし、淑女としてはいささか口にしにくい言葉だろう。知りあいの何人かの女性にたずねてみたところ全員が「生まれてから一度もそんな言葉は口にしたことはありません」とのことだった。

男性の私でも、たとえば講演会のようなあらたまった席上では、

「本日はのどちんこをちょっと痛めておりますので声が通りにくいかもしれません」

とは言いにくい。あまりにも子どもっぽい表現なので格式張った挨拶には不向きだと思うからである。

「のどちんこ」をあらわす、もっと通常的な言葉はないものだろうか、と思っていたら、諸橋轍次の『大漢和辞典』に、

〈円錐形を成して軟口蓋の後端に在り、口腔と咽頭との界域をなすもの、俗に小舌といふ〉

とあるのを発見した。

柔らかい円錐形の突起をペニスに似ていると思うか、舌に似ていると思うか。見立ての相違である。もちろん舌との類似性を認めるほうが、その位置からいっても穏当だし、上品だ。

淑女も紳士も安心して口にできる表現だと思ったが、残念なことにこれが通じない。

「ちょっと小舌を痛めておりまして」といっても小舌ってなんだ、そんな言葉、聞いたこともない、と問い返されるだけである。

それだけならまだいい。『広辞苑』には、

〈こじた【小舌】①病気のため舌の根が腫れて、さらに小さな舌のようなものを生ずる症状。また、そのもの。(字類抄)②笛の舌(日葡)〉

とある。「のどちんこ」とは全然違うではないか。諸橋漢和と『広辞苑』とどちらが正しいのだろう。

おとがい

相撲取のおとがひ長く老いにけり

村上鬼城の句である。「単純な句だが、しんみりと哀感をもって迫ってくる」と大岡信氏が「折々のうた」で紹介していた。

「おとがい」は、「あご」は「あご」でも「下あご」のほうである。「あご」は古くは「あぎ」といった。「上あご」は「うわあぎ」、つまって「うわぎ」といい「上牙」の漢字を当てた。

「おとがい」には「乙牙合」の字を当てる、と『大言海』にはある。乙は「二番目の」とか「次の」とかの意味だ。

力士には巨人症のような図抜けて巨体の者が時々いるが、彼らの多くは下あごが長い。巨人症につきものの末端肥大の徴候であろう。

鬼城が見たのもそうした力士の一人だったにちがいない。

名横綱双葉山は第三十五代だが、その前の代三十四代の男女《みな》ノ川《がわ》が身長二メートルの巨漢で下あごが長かった。廃業後は選挙に出て落選し、保険の外交員をやったり、野鳥料理屋の客分になったり、早大の聴講生となったり、なにかと話題になった。

大岡氏が鬼城の句に哀感を覚えたのは、男女ノ川の姿を重ね合わせたからだろう。

「おとがいで人を使う」

というのは「えらそうに人をこき使うこと」だ。懐手をしたまま、あごをつき出して道のむこうを指し「あそこに散らばっているゴミを片づけておけ」などという姿から生まれた言い方だろう。

漢語では「頤使」という。これには哀感なぞかけらもない。

同じように手を使わずに、あごだけ動かす動作に、

「おとがいで蠅を追う」

というのがある。これは病人が寝ているところへ蠅が飛んでくるが、手をあげて蠅を追う力さえもうなく、わずかに顎を動かして、蠅をよける有様をいったもので、体力、精力のはげしい消耗ぶりをいう言葉だ。このほうが「おとがい」という言葉には似つかわしいような気がする。

「おとがいの雫、口に入らぬ」

というのは、あごについたしずくが口には入らぬのと同じように、ごく手近にあるものなのに自分の自由にならないことをいうのである。他に、

「おとがいを叩く（悪口をいう）」「おとがいを放つ（大いに笑う）」「おとがいを養う（生計を立てる。暮していく）」

などの言いかたがある。

アゴを出す

「疲れきる」「ひどく疲れる」などと辞書には出ているが、日本独特の表現で西洋人には理解できないのではないか。欧米人がアゴを突き出すのは敵意をむき出しにして、相手を攻撃しようとする時だ。自分の威勢を誇示する表現として、彼らはアゴを出すのであるから。

楳垣実氏の『隠語辞典』には〈行軍の時弱ると顎が出る〉として軍隊で用いられた言葉だとある。たしかに比留間弘の『陸軍用語よもやま物語』にも「顎ヲ出ス」という項目があって次のように記されている。

〈重い装具をつけて、鉄砲をしょって歩かされると、しまいになるころには、かならずアゴが前につき出てくる。アゴの先端から汗がポトポト落ちるし、顔に塩の粉がふく。まさにアゴを出すのである〉

富士山東麓に籠坂峠というのがある。標高一一〇四メートル、旧鎌倉往還の要衝の一つだが、ここが「アゴ坂峠」と呼ばれているそうだ。

北富士演習場から南の演習場に向かう時にここを通るのだが、ほとんどの者がアゴを出すからである。

肉体的な疲ればかりでなく、精神的にひどく消耗した時にも用いる。

外国語で「アゴを出す」に当たる表現はどういうものなのか。『ビジネスに活かす7カ国語表現辞典』(日商岩井広報室編著)を見てみると、

英語では burn oneself out、フランス語では être épuisé、ドイツ語では erschöpft sein とどの国もアゴを用いているところはなかった。

ただ一カ国、スペインだけがアゴタールというのだが、このアゴはもちろん日本語のアゴではなく agotar で、水分をしぼり出す意味だとのことだ。

鬚勝ち

身体に関する日本語の語彙は貧弱、かつきわめてあいまい、大ざっぱなのだが、「ひげ」についてもその通りだ。

英語では「ひげ」といった総称的な言葉はなく、鼻下にはえるのを"moustache"、顎にはえるのを"beard"、頬のを"whiskers"と三種類に言い分けている。

中国語でも同じく、「髭」「鬚」「髯」が英語の三種類に対応する。髭という字を分解すると、髟と此と、上下に分かれる。髟は毛が長くそろった形をあらわし、此は口をあらわす。嘴という字にも此が入っている。口に長く生えそろった毛が髭なのである。髯はもともとは髥と書いた字で、冄は「よわい」の意味。頰ひげは口ひげや顎ひげにくらべるとやわらかいからだろう。鬚の須は毛をあらわす彡と顔をあらわす頁が組み合わさった字である。

日本語ではこの三種を特に区別する時には、「口ひげ」「顎ひげ」「頰ひげ」と二次名を用いなければならない。だからたいがいは「ひげ」と総称的にいってすませてしまっている。

「鬚勝ち」というのは『大辞林』には〈ひげが多いさま。ひげもじゃ〉と説明されているが、それではと「ひげもじゃ」の項を見ると【髭もじゃ】となっている。鬚でも髭でもどうでもいいわけで、まことにおおらかなのである。

「ひげやっこ」という項目がある。『大辞林』は〈江戸時代、頬髭を生やした武家奴〉と頬のひげであることをことわっておきながら「髭奴」と漢字を当てている。これは妥当ではない。『広辞苑』ではちゃんと「髯奴」となっている。

日蓮宗の「南無妙法蓮華経」の題目のことを俗に「ひげ題目」というが、これには必ず「髭」の字を当てる。題目の文字の筆端が左右に長くピンとはねているのが口ひげに似ているところから言われはじめたものだからである。

時計などに使われている小型のぜんまいのことを「ひげぜんまい」というが、これには「髯発条」と髯の字を当てる。頬ひげはちりちりと渦巻き形になっていることが多いからだろう。

II

手の部

手ぐすね引く

手

人体の中でもっとも大事なものは、いうまでもなく「あたま」だろうが、それは本質論であって、現場的にいうと、目と手が一番大事なものだとたいていの人は思っているはず。その証拠に、目や手は一音だが、口、鼻、耳、首、顎などみな二音だし、頭は三音も使わなければならない。

そんな大事な手であるが、日本語の手というのはあいまいで、どこからどこまでを指すのか明らかでない。

国語学者の金田一春彦氏も、

〈動物から人体に移ると、日本語の語彙は俄然貧弱さを表わす。一般に身体部位のちがいに対して日本人はきわめて大まかである。極端なのは hand(手)も arm (手) も、日本人はテといい、foot (足) も leg (脚)も日本人はアシということである〉

と著書『日本語』の中で指摘している。

『広辞苑』には、

〈人体の左右の肩から出た肢〉

〈肩から指先に至る間の総称〉

〈手首〉
〈手の指〉

といろんなことが書かれている。

英語のhandは手首から先だけをいって、armとははっきり分かれているが、日本語は手首だけ、手の指だけでもテの一語で通じさせてしまうのだから実にいい加減だ。「小手」という言葉がある。「小手投げ」とか「小手をかざして」という、あの「小手」だ。

これもあいまいな言葉で、『大辞林』によると〈①手先。腕先。②手首と肘との間〉とある。同じく『大辞林』で「手先」を引いてみると〈手の先。指先〉のことだと書いてある。すると「小手」というのは「指先」のことなのか、と思ってしまうではないか。「指先」も「手首と肘との間」も同じ「小手」なのか、と首をひねらざるを得ないではないか。

言葉は記号なのだから、その意味は限定的であり、きっちり特定されているほうが分かりやすい。交通信号が、赤は第一義的には止マレだけれども時には進メを意味することもある、といったようなことでは不都合きわまりない。一つの言葉があれもこれもと、多義を持つのは決して好ましいことではないだろう。

特定的であるためには、二次名よりも一次名のほうが望ましい。

日本語では「手のひら」「手首」など二次名だが、英語ではpalm、wristと一次名である。

では、日本語は総体的にあいまいな言葉かというとそうではない。

出世魚と称して、魚の名前など、同じブリなのに、稚魚をモジャコ、十五センチ以下をワカシ、十五センチから三十センチぐらいをイナダ、三十センチ以上をワラサなどと一次名できちんと呼びわけている。

秋の月を呼ぶのに「十六夜《いざよい》」、「立待月《たちまちづき》」、「居待月《いまちづき》」、「臥待月《ふしまちづき》」、「更待月《ふけまちづき》」などがある。中秋の名月は陰暦八月十五日の夜、すなわち十五夜だが、それより一日おくれの十六日の夜の月は、ためらいながら、いざようように出てくるので「いざよい」という。さらに一日おくれた十七日の夜の月は、人が待ちかねて立ち上がり、縁側などに出て立って眺めるので「立待月」。そのつぎの十八日の夜の月になると、十五夜より一時間も遅く出るので、見る人はもう座敷に腰をすえて待つしかない。だから「居待月」。

こうしたこまかい言い分けには外国人はたいていびっくりするが、そんな日本人が人体の名称に関してはたちまちぞろっぺえになってしまうのはまことに不思議なことだ。

たなごころ

病気の治療のことを「手当て」というが、これは実際に患部に手を当てることによって疾患がなおった体験にもとづいて生まれた表現である。手の甲ではなく、手のひらを当てるのである。

手のひらは湿気と熱を発散しているから患部に当てると、ちょうど軽い温湿布をしたような感じになる。温湿布が炎症や打ち身などの患部により効果があることは現代医学でも証明されている。

また手のひらから出る静電気が患者の経絡《けいらく》を刺戟して治療効果を高めるということもある。

現在でも「手かざし」を信仰している人が大勢いるくらいだから、昔の人々が手のひらの霊験を強く信じたのも当然であろう。

手のひらは単なる肉体の一部ではない。それは「心」を持った一つの人格なのだ。だから病気をなおせるのだ、と考えたとしても不思議ではない。だから手のひらのことを「たなごころ」と名づけたのだろう。ちなみに「手は外に現れた脳髄である」という有名なカントの言葉がある。

「こころ」はほんとうは心臓にではなく、脳にあるものなのだから、このカントの言葉は、手のひらを「たなごころ」と呼んだ古人の発想と軌を一にするものといえよう。

手薬煉

薬煉は「くすね」と読む。「手ぐすね引く」の「手ぐすね」はこういう漢字を書くのである。薬煉は松脂《やに》に油をまぜ、煮て煉ったもので、弓の弦《つる》や釣糸や鼓の緒などに塗って、それらを強くするのに用いる。

弓の弦にしっかり薬煉を手で塗りつけ、戦闘準備をととのえて、さあ、いつでも来い、と合戦がはじまるのを待ちかまえる状態を「手ぐすね引く」というわけだ。

「引く」は「長く伸ばす」意味の「引く」である。

「手ぐすね」と平仮名で書くと、手でくすねることと関係があるように思いがちだが、くすねることとはまったく関係ない。「くすね」の「くす」は「こそこそ」がちぢまったもの、「ねる」は「束ねる」の「ねる」ではないかと『大言海』にはある。こそこそと目ぼしい品物を束ねて持ち去ってしまうのが「くすねる」である。

手練手管

「しゅれん」と音読みすれば「手練の早業」とか「見事な手練」と褒め言葉になるが、「てれん」と訓読みすれば、「手練手管」とつづいて、あまりいい言葉ではなくなってしまう。「しゅれん」は「熟練した巧みな手ぎわ」だが、「てれん」は「いつわり、ごま化して、人を思うままにあやつること」である。

この「てれん」にくっつく「手管」だが、これは「てくだ」と読む。「手の管《くだ》」って何だ？ 諸説があるが、どれもいま一つ納得しがたい。

近松の『博多小女郎波枕』に、

〈頭ハ日本、胴ハ唐トノ襟ザカヒ、チクラ手くらの一夜検校〉

というくだりがある。この「手くら」が「手くだ」になまり「手管」と書かれるようになったのではないか、という説が面白い。

「チクラ手くら」というのがそもそも耳馴れないが「チクラ」とは何か、と『大言海』を引いてみると、「筑羅」と書き、筑は筑紫の筑、羅は新羅の羅だ、とある。

〈新羅ニモツカズ、日本ニモツカズ、其間ニアルコト。日本ノ外ニシテ、唐土ニモアラズ、判然、別チガタキ境〉

と説明がしてあって、

〈世ノ學者、ちくらガ沖ニタダヨヒテ、唐ニモやまとニモ、船ノ着カヌハ、是ヲヤ、生死ノ苦海ニ流浪ストハ云フベキ〉

という皮肉な文章が用例として挙げられている。

今日でも、ふた言めにはアメリカではとかイギリスではとかいって、日本の外にして欧米にもあらず、といった学者やら文化人らがいるが、この手の人間を「チクラ手くら」というのだろう。

どっちつかずのあやしげな言を弄して、相手をごま化すのが、手くら、すなわち手管であるのだ。

手が早い

身体を表現する日本語の語彙は貧弱で、おおざっぱであるが、だからといって、日本人が身体について関心が薄いときめつけてしまうのは早計である。

欧米語にくらべて、日本語は、身体を比喩的に用いることが多いように思われる。

「手が早い」という言葉がある。

「てきぱきと敏速に物事をする」こともいうし、「女性をすぐ口説いて肉体関係を持つ」こともいう。また「気が短くてすぐに殴ったり叩いたり、暴力を振う」のもいう。

「あいつの手の早いのは女だけなんだから」

といえば、それだけで「あいつ」なる人物は喧嘩も弱くて意気地ないし、仕事はのろまでたよりない男だということが分かる。まことに便利な言いまわしだが、英語にはこういう言い方はない。

「仕事を手早く片づける」のはそのまま、

“transact business dispatch”

というだけだし、「女に手が早い」というのは“He is really fast. You girls better watch out.”(あいつはほんとに手が早いからね、君たち、気をつけたほうがいいよ)

というだけでhandもarmも出てこない。

暴力とか喧嘩の場合は“get rough”という。「手作り」というのは英語でも“hand-made”だからこれはぴったりだが、「手料理」となるともう違ってくる。

「手料理」の「手」は「手製」の「手」であって自分自身が作った料理はもちろん「手料理」だが、それ以外でも、

「きのうは五年ぶりに郷里へ帰って、久しぶりにおふくろの手料理を食べたよ。おれは昔を思い出すような素朴な〝おふくろの味〟のほうがうれしかったんだけど、おふくろははりきっちゃって、まるで料理屋みたいな大御馳走だった」

というふうに用いる。

自分がつくったものでもなく、料理屋そこのけの豪華メニューでも「手料理」といってさしつかえないのである。

英語では“home cooking”あるいは“home-made dishes”だ。フランス語でも“cuisine familiale”という。

「手先」という言葉も、日本語は文字通りの「手の先端の部分」のこともいうけれど、その他にも、

「おばあちゃんは手先が器用だから」

というように、手や指の使い方のことをさす場合もあるし、「他人の配下となって使われる者」のことをいう場合もある。この配下の意味の延長で、江戸時代には「手先」

といえば「岡っ引」「目明かし」を指した。

「目明かし」の多くは罪を犯して捕えられながら牢屋に入ることをまぬがれ、放免してもらう代償として、自分が持っている情報をもとに泥棒などの小悪党をつかまえて役所へさし出すという小狡い連中だった。与力や同心の配下となって使われていたことから軽蔑的に「手先」と呼ばれたのである。

ほかに「隊列の先頭」のこともいうし、建築用語としても用いられ、さまざまな意味を持つ。

欧米語にはこのような使い方はない。

ほかにもコネのことを「手蔓」といったり、案内することを「手引き」といったり、失敗のことを「手落ち」といったり、「手」を使った言いまわしは百や二百ではきかぬくらいある。

手ばかりではない。「腹が太い」「顔が広い」「耳が痛い」等々、体の部位を比喩的に使っていろんなことを言い分けるのが日本語は得意だ。

日本語が身体的な語彙にとぼしい、という考えは改めたほうがいいかもしれない。

かいな

漢字をあてれば「腕」だが、腕という字を見てすぐに「かいな」と読む人は少ないだろう。『新明解国語辞典』には「かいな」のことを、〈「うで」の雅語的表現〉としてある。ところが「腕を反《かえ》す」と書いた場合に限って、相撲ファンなら間違いなく「かいなを反す」と読む。「うでを反す」なんて読む人はいない。

もう一つ「腕捻り」というのもある。これも「かいなひねり」である。「一本背負いのように相手の腕を両手にとって、外側へ向けて捻り倒す。網打ちとは反対の体形になり、腰は相手の腹に入れず横向きになる」と説明されている相撲のきまり手の一つだ。

腕をかいなと読むのは「雅語的表現」というより「相撲的表現」といったほうが分かりいいのではないか。

『大言海』には、腕とはいっても、〈肩ヨリ、肘マデノ間。奥ノ手。今、二ノ腕。肩肱《カタカヒナ》〉と限定的に書いてある。

『広辞苑』や『大辞林』も、同じように、肩から肘までの間で、二の腕のことだと、最初に書いている。

だが、好角家の中には、これに異議を唱える者がいる。「腕を反《かえ》す」の「腕」は二の腕ではない。二の腕も多少は反るかもしれないが、主体はあくまで肘から先の部分だ、というのである。

〈差し手でまわしを取らず、手の甲を相手の背につくようにしてヒジを張ること。こうして差し手側の足を半歩踏み込めば、相手に巻きかえられたり、上手を取られる心配もなく、相手の体を浮かすことができる。「差し手を反す」「下手を反す」と同じことだが、まれには「小手投げ」「上手投げ」を打つとき「腕を反す」ということもある〉

と専門書には解説されてある。

『国技相撲の歴史』(別冊相撲秋季号　昭和五十二年十月刊)の「相撲七十手絵図」を見ても、あきらかに肘から先の部分を両手でつかんでいる絵が描かれている。

二の腕

肩と肘の間をいう。医学用語では上膊だ。

川上宗薫の「女体美散歩」というエッセイの中に、

〈二の腕から肘にかけては、同じくらいの太さの腕がよい。そして、あの肘の骨は、なるべく出っ張っていない方がよい〉

という一節がある。これは川上が女性の体形について自分の好みを述べている文章である。「肩から肘にかけて」というほどの意味であろう。

「二の胴」という言葉もある。浄瑠璃の文句に、

〈ためしてみたい新刃《あらみ》はないか、一の胴か、二の胴か〉

というのがあるが、「一の胴」は、胴体の上部の、腋《わき》より下の、胴体の上半分をいう。「二の胴」はその下の、胴体の下半分のことだ。

「二の胴」がある以上「一の胴」があるのは当然だが、それなら「二の腕」に対して「一の腕」があるかというと、これがない。

上膊が「二の腕」なのだから下膊が「一の腕」に当たるはずだが、「一の腕」という言いかたはないのである。

上膊は力瘤ができたりして人目をひく存在であるのに対し、下膊のほうはこれという動きがない。一の腕とわざわざ呼ぶほどのものでもないとされたのだろう。

「二の足」というのもある。〈二番目の足の意〉と『広辞苑』にはあるが、これは身体の足ではない。

「二の足」は決して前に進むことはない。「二の足を踏む」といって、立ちどまってしまうのである。

おもしろそうだと思ってなにかをやりはじめたが、やってみると思っていたのとは大違い、これはどうも具合が悪い、やめとこう、と思いなおして進むのをあきらめることが「二の足を踏む」なのである。

将指

どの指が一番エラいか、という質問には、「そんなこと、考えてみたこともない」という答と「親指にきまってるでしょう」という答と、まず二つの答しかないだろう。

「指って、手の指？　それとも足の指？」と聞き返してくる人はきっとこの「将指」という漢語を知っているにちがいない。

将はむろん大将の将で一番エラいことをあらわすのだが、将指というのは、手では中指のこと、足では親指のことをいう。

足の親指はまた「大指」とも呼ばれる。足の親指はずいぶん尊敬されているのだ。

大指という言葉が出たついでにジョークを一つ。指の中で一番大きいのは？　という質問に、ドイツ人なら多分、「十一番目の指さ」と答えるだろう。

日本では「中足」とか「三番目の足」とか呼んでいる器官のことをドイツでは「十一番目の指」というらしい。

阿部謹也著『中世を旅する人びと』の中に、

〈あるいは車の楔《くさび》などを盗んだ者は、楔の代りに指あるいは十一本目の指と呼ばれる器

官を楔の穴へ入れて鍛冶屋まで車を走らせねばならない〉

という一節がある。

艶笑小咄では、小指よりも小さいといって女性に嘲笑されるアレが登場するが、実際にはそういうことはまずあり得ないだろう。アレを十一番目の指とするならば、指の中で一番大きいのはやはり十一番目であろう。

指のり

「のり」は道のりの「のり」。指の長さのことだ。

奈良時代はわが国が中国の制度を大いにとりいれて〝文化国家〟として発展しようと一生懸命だった時代だ。税金なんかも米の現物でとらずに銭で納めさせるような進歩ぶりだった。

役所や書類が幅をきかすことになるのだが、当時の日本人はほとんどが無筆だから、書類に署名をすることさえできない。そこで登場したのが「画指」という方法である。役人に書いてもらった名前の脇に、たしかにこれは私に間違いありません、という証拠として、指の長さをしるしておくのだ。男なら左手、女は右手の人さし指の根元から指先までの長さと第一関節、第二関節の位置をきちんとしるしておくのだ。

この、関節から関節までの長さを「指のり」という。これが指紋ほどではないけれども微妙に違っていて、本人である証拠になったのだという。指紋の知識がまだなかったころの本人識別の手段が指のりだったのだ。養老律令では離婚に際しては、夫が離婚届を役所に提出するように定められてあるが、それにも当人が無筆で署名できない場合は画指すること、と記されてあった。

筈

相撲用語で「筈《はず》」というのは、親指と他の四本の指との間をできるだけ大きく開けて、手をいっぱいに開くことだ。この形が弓の筈に似ているからである。

矢の端の、弓の弦にひっかけるところは、弦をぐーっと引いた時にはずれないようにY字型になっている。

筈に開いた両手を相手の両脇の下にあてがって押すのを「筈押し」といって四十八手のうちだ。三代目の朝潮太郎（四十六代横綱）の得意技だった。

筈にあてがった手は、指は大きく開いたままで、相手の体をつかんだり握りしめたりはしないのに、不思議にはずれないものだ。

「手筈」という言葉もその「はずれない」というところから来ているのだろう。計画がはずれないように、順序よく物事が運ぶように「手筈をととのえる」のである。

しかし、ちゃんと手筈をととのえたつもりが、思いのほかにはずれてしまうこともある。筈が合わなかったのであろう。

三重県の志摩地方の方言で「いけない」「だめ」ということを「ハザン」というが、これは「筈合わん」がつまったものだろう。

江戸時代には「筈が合わない」という表現がごく普通に使われていたようだ。

〈請出され、人の妻となってははずがあはず〉（『傾城禁短気』）

という用例もある。

遊女が客に本気で惚れられ、身請けをされてちゃんとした商家の主婦の座におさまるようなことがある。

苦界から堅気の世界にもどれたのだから、彼女にとっては夢のような幸運なのだが、遊女として気儘な暮らしをしてきた身には堅気のきちんとした日常生活が窮屈でしかたがない、調子が狂ってしまう、と文句をいっているのである。

こんな「筈」ではなかった、というわけだ。

椀嘗指

金田一京助の『北の人』の中に、

〈日高の沙流から、八度上京して私の語学の助手になってくれたコポアヌ婆さんは、きっすいのアイヌでしかも昔風の堅い婆さんであるが、家の者といっしょに食事をするのに、たびたび椀嘗指の名の謂われをわれわれに合点させてくれた〉

とある。

金田一京助は金田一春彦氏の父親で、言語学、国語学者。とくにアイヌ語およびアイヌ民族の研究で有名で、昭和二十九年には文化勲章を受けている。

コポアヌ婆さんは、汁粉を食べる時は、椀の底に残った餡《あん》を指で拭きとるようにして食べる。豚汁や牛肉を用いた味噌汁の時もそうで、椀の底がピカピカ光るくらいに指で実を拭きとって食べる。しかも食べ終ったあと、まだ脂のついている指先を自分の頭髪や着物になすりつける。

それは卑しくてするのではなく、せっかくの賜わりものをすこしでも残すことは神様に対して申し訳ないと思うからだ、と婆さんから聞かされて金田一は感心した、というエピソードなのである。

椀の底を拭う指は人さし指なのだが、こういう伝習を踏まえて、アイヌ語では人さし指のことをイタンキケムアシクベツ（椀嘗指）と呼ぶのであるとのこと。

漢語では人さし指のことを「食指」というが、これも似たようなエピソードがある。周の時代にある君主の息子で宗という青年がいた。宗は一種の霊感者で、なにか御馳走にありつける予兆として人さし指がピクピクと動くという癖があった。ある日、人さし指が動いたと思ったら、父親から呼び出しがあり、駆けつけてみると、スッポン料理が用意された。

宗は得意になって、父親に自分の霊感のことを打ちあけた。ところが、徹底的な合理主義者であった父親は、宗の話を聞いて感心するどころか、かえって腹を立て、

「そんな馬鹿なことをいうやつにはスッポンを食べさせない」

と息子を食堂から追い出した。宗はみんなが食べ終るまでじっと我慢し、鍋の底に残った料理を指ですくいとって食べた。

この故事から人さし指を食指と呼ぶことになったのである。

手の踵

動かなくなった車の後押しをする時、あるいは箱に品物をぎゅうぎゅう詰めに詰めこむ時、手のどの部分に力を入れるか。指でもなければ手のひらのまん中のくぼんだところでもない。手のひらのいちばん下部の手首に近い、肉厚の部分だろう。

足でいえば「踵」にあたる場所だが、踵のほうには「きびす」「くびす」「くびひす」「あくと」など、いくつも和名があるのに、手のほうにはない。

しかし、これは万国共通のようで、日本語が人体の語彙に貧弱だということとは関係なさそうだ。

なにかにつけ、けっこう使われる場所だから名称がほしい。あると便利だ、というので考え出されたのが「手の踵」である。

"Juan Chicoy went to the entrance door of the bus. He reached in and turned the ignition key and pushed down the starter with the heel of his hand."（ファン・チョーコイはバスの入口のところへ行った。彼は手を突っこんでイグニッション・キイをまわし、スターターを手の踵で下にむかってぐっと押した）

これはジョン・スタインベックの小説『気まぐれバス』("The Wayward Bus") の一

節だが、こういうふうに使うのである。

なるほど、明快でいい。残念ながら日本語の文章で「手の踵」にお目にかかったことはない。英文でもこの他にも用例があるのかどうかも知らない。

このスタインベックの例だって、私が発見したわけではない。山田和男著『英語こぼれ話』からの引用である。山田氏は、

〈どの英語の辞書を開いてみても、heelには本当の踵のほかに「踵のような恰好をしたもの、あるいはその位置にあるもの、例えばパンの端の固いところ、その他」と説明してあるから、英語としては自然な云い方だろうが、日本語の辞書には普通こういった意味はあげてない〉

とも述べている。

三つ指をつく

お辞儀でもっとも丁寧なのは、両手をついて平伏し、深く頭を下げる「拝」という形のものだが、これは両手のつき方にもきちんとしたきまりがある。左右の手の親指と人さし指を合わせて、菱形をつくり、そこに鼻が入るように深く頭を下げるのである。

これにくらべると「三つ指をつく」のはずいぶん簡略された形で、あまり丁寧とはいえない。

芸者など片手で襖をあけながら、もう一方の手で三つ指をつき、

「こんばんは」

と挨拶して入ってくる。腰もちゃんと落とさず中腰に近い。むしろぞんざいな挨拶の仕方だと思えなくもない。

しかし、どの辞書を見ても「丁寧で、優雅なお辞儀の仕方」と書いてある。実際に三つ指ついてのお辞儀を見ることはめったになくなった。三つ指以下の粗略なあいさつばかりである。たまに三本の指をついて頭を下げたかと思うと、人さし指と中指と薬指の三本だったりする。

三つ指とは、親指と人さし指と中指のことである。

ついでながら、十返舎一九の『東海道中膝栗毛』に、

「ちょっと爪でも取っておこう」

「らちもねえ、そんなことはしねえでもいいじゃねえか」

「いや十本みんな取らずとも、せめて二本の爪ばかりは」

という弥次郎兵衛と喜多八のやりとりがある。せめてこの指の爪だけは切っておきたいという二本の指はどの指だろうか。

江戸川柳に、〈門口で医者と親子が待っている〉という句がある。

藤井宗哲氏の『古典落語（別）』（角川文庫）がこの句意を解説している。

〈……えー、門口というのは女性の大事なところをさしていうんですな、医者と親子、医者といいますから五本の指でいうと、まず薬指ですな、これを折る。親子といいますから、親指と小指を折る。と、二本あまりますな、で、門口で医者と親子が待っている、とそういうわけなんですけど……〉

門口で待っているのが親指と薬指と小指なら、門内に侵入しているのは人さし指と中指である。

弥次郎兵衛が爪を切ろうといったのもこの二本の指なのだ。門内の大切なところを万一にも傷つけてはならないという配慮からだとまで説明するのは野暮というものだろう。

女握り

握り拳をつくって、親指を四本の指の内側に握りこんでしまう人と、四本の指の外に出す人とある。前者は陰性で、後者は陽性だというがどうだろうか。

女握りはメニギリと読むが、そのどちらでもない。握り拳の中指と人さし指の間から親指の頭をにゅっと突き出すのが女握りである。女陰の象徴とされている。ちょろりと見えている親指の先っちょは多分、陰核をあらわしているのだろう。

じゃんけんをして、石を出す時に、ジョークとしてわざとこの女握りをつくってみせる人がいる。じゃんけんの仲間たちは大笑いして、その場はたちまちうちとけた雰囲気になるという効果はある。

じゃんけんの石は折々豆になり

という川柳があるが、この「豆」は女握りのことである。じゃんけんの石が時々ヘンな形の石になっている、というのが表面の句意だが、句の本意はそうではない。

「石」は石部金吉の「石」なのだ。マジメ一方の堅物と思われていた男がけっこう時々、浮気をしたり、女郎買いに夢中になったりするものだ、とひやかしているのである。

「豆」は人さし指と中指の間からつき出した親指の頭をさしているのだ。

「女握り」は日本だけの風習ではない。「フィカ」といってイタリアでもやる。ただし、イタリアでは、これは厄払いのまじないとして行われるもので、日本のようにじゃんけんの時には使わない。

女陰には悪魔を退散させる力がある、と信じられているのであろう。つきあいたくない、こんなやつとは口もききたくない、と思う相手から声をかけられたら、黙って「女握り」を相手の眼の前に突き出せばいいのである。もちろん喧嘩にはなるだろうけどね。

ぎっちょ

古い辞典、たとえば『大言海』などには、「ぎっちょ」は〈きりぎりすノ異名〉とだけしか書かれていない。現行の国語小辞典、たとえば『新明解国語辞典 第四版』には、〈左ききの異称〉とだけあって「きりぎりす」のほうがない。

『広辞苑』には、

〈① (擬声語) キリギリスの異称。②左きき。左ぎっちょ〉

となっている。『広辞苑』の本文は、〈語義がいくつかに分かれる場合には、原則として語源に近いものから〉並べてあるとのことだから、左利きのことを「ぎっちょ」というようになったのは大分後のことなのだろう。

最近は、放送やシンポジウムなどの公の発言では「ぎっちょ」という言葉を聞くことがほとんどなくなった。放送禁止用語になったわけでもないし、特に差別語と認定されたこともないのだが、やはりある種の差別感があることから使用されなくなったのだろう。

『左利きの世界』という本がある。精神科医の箱崎総一氏が書いた本だが、昭和四十三年の出版当時は大変話題になった。

この本では「ぎっちょ」について次のように書かれている。

〈東北地方や関東地方の一部では〝左利き〟のことを〝ぎっちょ〟と呼ぶ。これはその子供をバカにしたり、仲間から追い出して一緒に遊ばないときなどに使う〝いじ悪いコトバ〟の代名詞である。〝ぎっちょ〟という語感からは、蔑視、嘲笑、揶揄などの意味をくみとることができる。子供同士の毎日の遊び相手から〝ぎっちょ〟と呼び慣らされている子の幼く感じやすい心は傷つき、神経質になり、〝左利き〟であることについて恥ずかしい気持ち、さらに劣等感までをも抱くことになってしまうのは当然である〉

「ぎっちょ」のほかにも「○○ちょ」と末尾に「ちょ」のついた言葉がいくつかあるが、「でぶっちょ」「太っちょ」「ちびっちょ」「尼っちょ」「ぶきっちょ」など、どれもこれも相手を馬鹿にした時に使う文句だ。

「ぎっちょ」が死語化しているのは当然のことといえよう。

英語では左利きのことをlefthandedというが、この言葉には、左利きの意味のほかに「疑わしい」「あいまいな」「不誠実な」「不吉な」などのろくでもない意味がある。

面とむかってはお世辞の百万遍を言うくせに、蔭では悪口を言いまくるようなやつを、“lefthanded man” というのである。

洋の東西ともに、左利きにはつらく当たっているようだ。

小爪を拾う

小爪というのは爪の付け根にある半月形の白い部分のことだ。「爪半月」ともいう。別に爪の切り屑のこともいうようだ。

佐々木邦の随筆集『人生エンマ帳』の中に、

〈私は親不孝の酬いか、常に指の逆むけに悩まされる。又小爪というのが生える。不器用者には鋏を使っても、これがうまく除去出来ない。小爪は確かに造化のやり損じだろうと思う〉

とあるが、この小爪はどういうものだろうか。ちょっと見当がつかない。

「小爪を拾う」というのは〈ちょっとした言葉じりをとらえて口答えする〉こと（『故事ことわざ辞典』）だ。『大辞林』には「非難すること」とあるが、「口答え」と「非難」ではかなりニュアンスが違う。

「夜爪取るとも出爪取るな」と昔の人はうるさくいった。

夜になって爪を切ると必ず不吉なことがおこるから決して切ってはいけないが、それよりももっといけないのは、外に出かける間際に爪を切ることだ——という意味である。

夜爪を戒めたのは、暗いところで爪を切ったりすれば小爪が飛び散ったのにも気づかず、室内をよごすことになるからだろう。
　また、出がけのあわただしい気持ちで爪を切れば、切りそこねて怪我をしたり、深爪になったりするおそれがある。それを避けるために戒めたのだろう。
「爪で拾うて箕《み》でこぼす」（すこしずつ苦労してたくわえたものを、一度に使い果してしまうようなおろかなこと）
「爪を立てるところもない」（爪先立ちするスペースすらない、ぎゅうぎゅういっぱいの様子）
「爪が長い」（欲が深い、貪欲なこと）
など、爪にちなんだ格言は少なくないが、おもしろいのは、
「苦髪楽爪」
である。苦労の多い時は毛髪が早く伸び、楽をしている時は爪がよく伸びる、という意味で、そう言われればその通りだ、とうなずく人もいるだろうが、これとまったく反対に、
「楽髪苦爪」
ともいうのである。いったい、どっちがほんとうなんだ、と笑ってしまうではないか。

III

首と胴体の部

乳繰りあう

首

首もあいまいな言葉である。

「くび」と読む漢字で、よく知られているのは「首」「頸」の二つだろう。二つのうち「頸」のほうははっきりしている。

漢和辞典にも「頸」は「のどくび」「くびの前部」と限定的に説明されている。男性なら「のどぼとけ」のあるところ、顎から下で、肩から上。それも前部に限って頸というのである。

「のどぼとけ」の反対側、うしろの部分は「項《うなじ》」であって「頸」ではない。

項の字の偏の「工」は「後」と音が同じ「コウ」で、うしろの意味だ。「頁」は「あたま」を示す。「あたま」のうしろの部分が「項」すなわち「うなじ」なのである。

頸の偏の「巠」は、莖、脛、經などの字でも見当がつくように「まっすぐ伸びる」ことをあらわす。「あたま」の「まっすぐ伸びている」部分が「頸」なのだ。

このように「頸」のほうははっきりしているが、「首」はそうではない。

字の成り立ちからいっても「目」の上に、髪のかたちをあらわす「丷」がのっかっている。「くび」というより「あたま」をかたどっている字ではないか。

「首」と書いて「こうべ」と読ませる地名がある。

宮城県北西部の鳴子町一帯の温泉群は鬼首《おにこうべ》温泉として知られているし、岩手県江刺郡にも「人首」と書いて「ひとこうべ」と読むところがある。

「首」は「頸」や「項」をふくんだ頭部全体を指すものと考えたほうがいいだろう。でなければ「首なし美人」という笑い話は成立しない。「頸なし」だったら目鼻立ちはちゃんと分かるから美人か不美人かは判別できる。頸から上がそっくりなくて、どうして美人だと分かるんだ、というわけである。

のどぼとけ

喉の中央の部分が男性ははっきり目立つくらいに出っ張っている。甲状軟骨の上縁中央部が前方に張り出しているからである。

実は女性のこの部分も少し突起していることはしているのだが、頸部の皮膚を持ち上げるほどには高くない。男性は思春期になると突出が著しくなって目立ってくる。

男性の肉体的特徴の一つである。

だから西洋では昔から「アダムのりんご」と俗称している。

以前、朝日新聞が啓蒙的な医学記事を連載していた時、「のどぼとけ」の項に、

〈露出した男のシンボル〉

というサブタイトルをつけていたのを見ておかしかった。たしかにそうにはちがいないが、読者を誤解に誘うような思わせぶりな見出しではないか。

禁断の木の実(りんご)を食べたため楽園追放されたアダムが、神様に叱られたのにびっくりしてりんごを喉につまらせたのだ、というのが「アダムのりんご」のいわれだが、それならイブはどうしたのか、という疑問が湧く。りんごを食べたのはアダムだけではない。イブだって食べたはず。

この疑問に対しては、

「女は男よりちゃっかりしているから、素早くりんごを二つも食べてしまった。だからイブの食べたりんごは喉よりも下に落下して、胸のところで止まった。女の胸が二カ所ふくらんでいるのがそれだ」

という答があるそうだが、これは怪しい。

医学用語では「喉頭隆起」というのだが、杉田玄白の『解体新書』には「結喉」となっている。『解体新書』は周知のごとくオランダ語の『ターヘル・アナトミア』を忠実に訳したものだが、オランダ語の原本では“Adams-apfel (Pomum Adami)”となっているのに、玄白はなぜこれを直訳しなかったのだろうか。

江戸幕府はキリシタンを極度に怖れ、きらい、排撃した。キリスト教にちなんだアダムというような言葉を用いて、万が一にもお咎めをこうむっては、との配慮があったのではなかろうか。

ぼんのくぼ

子どもは、体の部位の名称をどれくらい知っているか。

東京・世田谷のある小学校で、一年生の子どもたち三十四人を対象に調査を試みたことがある。

はだかの女の子の図を描き、矢印で体の部位を示して、ナンバーを振り、1番は目、2番は鼻、といったふうに答を書かせたのである。

部位の種類は、頭から足の先まで、四十三種類だったが、三十四人の全員が正解したのはたった二つ、「耳」と「鼻」だった。

反対に、誰一人として答えられなかったのは「まぶた」「ふくらはぎ」「足の甲」の三つ。

正解が九割以上だったのは「額」（おでこ）、「目」「口」「へそ」「乳」（おっぱい）の五項目。

正解が三割以下しかなかったのは「耳たぶ」「鼻の頭《さき》」「ひじ」「胃」「すね」「尻」「足首」「つまさき」の八項目。

先生たちをびっくりさせた珍回答も少なくなかった。中でも変っていたのは、「耳たぶ」をさして「イヤリング」と答えた子どもで、しかもこれが三十四人中五人もいたとのことだ。

この調査の話は、昭和五十三年五月二十八日の朝日新聞で報道されたが、新聞の見出しも、

〈耳たぶが「イヤリング」だって!?〉

というものだった。サブタイトルには〈体の部分の名前を知らなくなった子どもたち〉とあった。

子どもたちに体の部位の知識がなくなったことについて、朝日新聞は児童問題研究家の加古里子氏のつぎのような意見を伝えている。

〈顔と顔を向き合わせ、目と目を見ながら、親と子がしゃべることがなくなった。きいてやる、答えてやるという心のゆとりがなくなったし、手を動かし作業をしながらという会話の場もなくなった〉

加古氏が例にあげたのは、たとえば、ウドンを家庭で練るのを子どもに手伝わせながら、

「粉の練り加減は、ほら、耳たぶをさわってごらん、これくらいのやわらかさがちょうどいいのよ」

と母親が子どもに教える。こういうやりとりの中で、「耳たぶ」という言葉を覚えるのだ、という。

昔は生まれて間もない赤ちゃんの頭をツルツルに剃るという習慣が所によってはあったが、そんな時でも、「ぼんのくぼ」のところにだけはひとつまみの毛を剃り残しておいたものだ。

水たまりや肥え溜めに子どもがあやまって落っこった場合、水神様や雪隠《せっちん》の神様が「ぼんのくぼ」をつまんで、子どもを救け上げてくれるという言い伝えがあった。

「ぼんのくぼはここですよ、と神様にすこしでも早く分かってもらうために、毛を剃り残しておくのよ」

と母親が子どもたちに、そんな話を言って聞かせることで、「ぼんのくぼ」という言葉も覚えるのだ、という民俗学者の話も紹介されていた。

たしかにその通りには違いないが、東京の小学一年生が体の部位について知識が乏しいのを、彼ら自身のせいや、彼らの親子関係のせいばかりにするのはちょっと酷なような気もする。

もともと、日本語の語彙には、人体に関するものがきわめて貧弱である。これは多くの国語学者が指摘していることだが、日本人が農耕民族で、肉食にあまり馴染まず、したがって、哺乳類の解体にも縁が薄くて、体の部位に関心が乏しかったせいかもしれない。

また肉体軽視の伝統とも無縁ではないだろう。

肩を持つ

日本人は西欧人にくらべて、肩がよく凝るのだそうだ。そして、その原因は日本人独特の肩意識にある、と高知大学の吉竹博教授（心理学）がいっている、と読売新聞（昭和六十二年八月十五日）に書いてあった。

日本人が肩に格別強い意識を持っている証拠に、「肩でナントカ」とか「肩をドウトカ」というたとえの表現が非常に多い。その一つがこの「肩を持つ」である。

「味方になって応援する。ひいきにする」というのが「肩を持つ」ことなのだが、どうしてそうなのだろうか。

「持つ」には「負担する」という意味がある。「学費はおれが持ってやる。家賃は自分で払うんだぞ」といったあんばいだ。

日本人は肩にいろんなものをのっけている。「国家の将来を双肩になって」と大変なものまで肩にのせているのである。その肩の負担をかわりに持ってやる、というのだからこれは大いに「応援する、ひいきにする」ということになるわけだ。

「肩を貸す」というのも「応援する、援助してやるぞ」という意味だ。

「肩を抜く」というのは、反対に、協力するのをやめた、とか、いっしょに責任をとるのをやめた、ということだ。

「肩の荷が下りた」という表現もある。

左遷されて気の毒だと周囲の人は思っているようだが、本人は内心「肩の荷が下りた」と思って、ホッとしている——というように用いられる。

これらの例を見ても分かるように、日本人はみんな肩に大きな荷物をのせているのである。肩こりが多いのも当然なわけだ。

そんなご苦労さんな肩なのだが、それをほぐそうとせず、逆に、

「肩を怒らす」

人もいる。「肩を高く張って、人を威圧するような態度」を「肩を怒らす」というのだが、どういう時に、人は「肩を怒らす」のだろうか。

「肩で風を切る」というのは、得意満面な状態のことをいう言葉だ。

「視聴率三〇パーセントをとったディレクターはテレビ局の廊下を肩で風を切って歩いていますからね」

というふうに用いられる。

「風を切る」とは「速い速度で進む有様」をいうのだが、では「肩で」というのは何か。得意満面の人間は他人に対して自分を大きく見せようとする。胸を張り、肩をそびやかす。それだけでは足りず、そびやかした肩を前後に大きく振ってみせる。それが「肩で風を切る」ように見えるのだろう。

「撫で肩」では風は切りにくい。
「肩で風を切る」には「怒り肩」の人のほうが向いているようだ。

肩下がり

人間や動物の肩のことではない。文字の書き癖のことだ。文字の右側が下がったのをいう。そういう書き癖を持った人は意外に多いものだが、おもしろいのは下がっているのが右側であることだ。

和歌や俳諧、連歌などで評釈する時に、評者が特に心に留まった歌句に印をつける。これを「肩点《かたてん》」というが、つける場所は右上である。真上や左につけることもあるが、その場合は「合点《がってん》」といって、肩点とはいわない。

「肩書」もそうだ。名刺に肩書を刷る場合、ほとんどが名前の右上である。最近は横書きの名刺が増え、この場合は左上になるが、これは例外とすべきだろう。「肩見出し」というのもある。

新聞の大きな見出しの右上に小さな字でくっついているのが肩見出しである。左側にも「脇見出し」がつくことがあるが、これは主見出しよりは必ず低い位置にあり、「袖見出し」と呼ばれる。

これらを通じていえることは「肩」とは「右肩」のことだ、ということではないだろうか。

左利きの人たちが、「左」に対するさまざまな差別や偏見を強く訴えるようになってから、左右の問題が社会的に関心を持たれるようになったが、この肩のあつかいを見ても、日本では右尊重の気分が強いことが分かる。

低い地位や身分に落とされることが「左遷」だし、家業がうまくいかず、経済的に苦しくなることは「左前になる」だ。また、知能が劣っていて調子のはずれた言動をする人を「左巻」と呼ぶ。「左団扇《うちわ》」は気楽な暮らしではあるが、まともな報酬でない金でのんきな生活をするという意味で、非難の気分もこめられている言葉だろう。

大昔のことをいえば、左大臣は右大臣より官位が上だった。王が南面した時に、東が左に当たるので、西に当たる右より左のほうを優位と見たものだが、いつのまにか左が衰退して、右の天下になってしまった。なぜなのだろう。

ちちくま

「ちち」は「乳」である。「くま」は「車」の真ン中が飛んで二音になったもの。

牧村史陽編『大阪ことば事典』には、〈チチクマ【乳車】(名) かたくま。肩車。子供を肩車にのせると、その両足が丁度乗せている者の乳のところに当る。乳車《ちちぐるま》の名の起ったゆえんであろう〉とある。大阪弁で肩車のことである。

肩車に乗るほうは男の子も女の子もいるだろうが、乗せるほうはまず男である。女はいない。だから子供の足がかかるのは男の胸であって、女の乳ではない。色っぽいとかくすぐったいとかいう話ではないけれど、それでも「肩車」にくらべると「乳車」とはずいぶんいやらしい言い方ではないか。

田辺聖子さんに、〈「淫風」こそ上方を上方的にあらしめていたもののように思われる。侍文化圏と町人文化圏とに劃然と分れる江戸とちがい、町人でほとんど構成される大阪では、芝居と色里の影響が町中に濃密に浸透して、柔媚で放恣な気風がうまれる〉(『大阪弁おもしろ草子』)

という文章がある。ちちくま、いいんじゃないですか。

乳繰りあう

男女が密会してたわむれあうことをいう。

『大言海』には〈男女、私ニ情ヲ通ズ。私通《ミソカゴト》す〉とある。私通の場合に限っていうのだろうか。正式の夫婦でも人目を忍んでたわむれることはあるだろう。

若夫婦だと、昼間に急にそういう気になることだってある。家の中では姑の目が光っているから蔵の中に入ってひそかにいちゃつく。そんな場合に「乳繰りあう」といってはいけないのだろうか。

それにしても「乳繰りあう」とはなんとも実感的な、描写的な表現ではないか。若い男女の痴態が目にうかぶようだ、とかねがね思って感心していたのだが、辞書によると「乳」は当て字だという。あのオッパイのことではないのだそうだ。

「ちぇちぇくる」とも「ちゃちゃくる」ともいう。博多では「ててくる」という。「ちぇちぇ」も「ちゃちゃ」も「てて」も乳房とはなんの関係もないとのこと。なんだ、つまらない。やはりこれは「乳繰りあう」と漢字で書きたい。

背を向ける

国会の開会式では天皇陛下がおことばを述べられる。そのあと、衆議院議長がおことば書を陛下から頂戴して引き退るのだが、この時は体は陛下のほうに向いたまま、後ずさりしてさがるのが帝国議会時代からの慣わしになっている。

これを改めようではないか、という意見が社会党の議員から出たことがある。昭和五十八年一月に辞任した福永健司衆議院議長の辞任の理由として、福永氏が後ずさりがうまくできず、天皇陛下に背を向けてしまうという失態をおかしたのが引き金になったといわれていたからだ。

平面ならとにかく、階段を後ずさりで降りるのは老齢の議長には容易なことではない、こんな慣行は改めたほうがいい、というのが社会党議員の言い分だったが、やっぱりそんなことはできない、とこの時は社会党議員の意見は通らなかった。

「背を向ける」とは「相手にしない」ことでもあり、無関心を示す動作でもある。また「敵に背を見せる」という言いかたもあって、これは逃げ出す卑怯さを嘲笑したものである。

英語でも“turn one's back on”という言いかたがあり、これは相手を見放すという意味である。

とにかく、相手に背中を見せるのはよろしくないことだ、と洋の東西を問わず、昔からきまっていた。

ところが、そういう気分がすこし変わってきたようだ。

〈母や祖母の背中がみえる

家庭の写真集め　女性史を一望に〉

こんな見出しの記事が平成九年四月十六日の朝日新聞に出ていた。

『写真・絵画集成　日本の女たち』という全六巻の本が日本図書センターから出版されたことの紹介記事である。一般家庭からの公募写真や戦前の写真雑誌をもとに、幕末以降の日本の女性の通史を写真と絵とで構成したものだが、記事前文は、

〈フリーライターの森絹江さんとフリー編集者の野中文江さんらが、『ひいおばあさんやおばあさん、お母さんの背中がみえる本』を合言葉に編集した〉

と結ばれていた。

ここでは「背中がみえる」のはすこしも悪いことではないというニュアンスで、この言葉が使われている。

「子どもは父親の背中をみて育つものだ」

という言いかたもちかごろよく耳にする。

背中には気どったり、つくろったりしない、自然の姿があらわれるものだ、という気

持ちの上に生まれた言葉だろう。

平成九年三月三日の朝日新聞に作家の出久根達郎氏が「おやじの背中」というタイトルで短い文章を書いている。

〈父といって思い出すのは、毎日毎日、朝から晩まで学童机に座っていた背中です。ひびの入った万年筆を糸でぐるぐる縛って、原稿用紙に字を埋めてるんです〉

出久根氏の父親は印刷業者だったのだが、戦争中のこととて出征や戦死の通知のハガキを印刷する仕事が多かった。人の死をタネにもうけるのがいやで仕事をやめ、文章を書いて毎日を過ごすようになった父親の思い出を出久根氏はつづっているのだが、ここでも、背中は悪いイメージでは語られていない。

漢字の背も、そむく、裏切る、こっそりと、違反する、死ぬ、などの意味があって、決していいイメージの字ではない。

背中を見るのがいいことに変わったのはどうしてなのだろうか。

いなせ

『大言海』には〈粋ニシテ、勇肌ナルコト〉とある。

江戸っ子で、威勢がよくて、もちろん宵越しの銭なんか使わなくて、といくつかのイメージがすぐに浮かび上がるが、現代の若者像とはぴったり重なりにくい。

「いなせなお兄さん」の理想像はやはり芝居の世界から借りてくるのが一番だろう。すぐに思いつくのが『お祭り佐七』の佐七だ。『お祭り佐七』は三世河竹新七が五代目尾上菊五郎のために書き下ろした芝居としてよく知られているが、河竹新七より前に鶴屋南北も『心《こころの》謎《なぞ》解《とけた》色絲《いろいと》』という芝居で佐七を主人公にしている。

鳶職で、柳橋の売れっ子芸者の小糸に惚れられるのだからいい男でもあったに違いない。

神田祭で大喧嘩をしたのが江戸中の評判になり、それでお祭り佐七の通り名になったというのだから「いなせ」の条件には喧嘩に強いこともいれなくてはなるまい。

「いなせ」は漢字で書けば「鯔背」だ。

イナはボラの幼魚。ボラはスズキやブリと同じの、いわゆる出世魚で、成長とともに名前が変る。一番はじめがハクで、十五センチから二十センチ近くなるとオボコと変り、それからスバシリ、イナ、となる。三十センチ以上の成魚になってボラになる。

刺身や洗いにしたり、背開きにして塩焼にしたり、またちり鍋にしたりして味わう。

背のかたちを動物にたとえた言葉にはもう一つ「猫背」があるが、こっちのほうは「鯔背」と違ってたいそう評判が悪い。

佐七も猫背だったら小糸姐さんに惚れられなかったかもしれない。

猫背は、首がかがんで背中が丸くなっている状態をいう。「亀背」ともいうのだが、たしかに見て恰好がよくない。評判が悪いのもうなずける。

しかし、それではイナの背はそんなに惚れ惚れするくらい恰好がいいかというと、そうでもない。

話は江戸の昔にさかのぼるが、魚河岸の若者たちの間にちょっと小ぶりの髷《まげ》を結うのがはやった。その髷のかたちがイナに似ているというので「鯔背銀杏」と名づけられた。

そんなことから「いなせ」は魚河岸の若者の代名詞となり、彼らが総じて、威勢よく、粋で、男っぷりもよかったから、そのような若者のことを「いなせ」と形容することになったのだ。

腰を落とす

「落とす」のと「落とさない」のでは「落とさない」ほうがいいにきまっている。「低い」と「高い」では「高い」ほうがいいと思う人がおおかただろう。

だが、腰に限っていえば、逆である。腰は落としたほうがいい。また低いにこしたことはない。それなのに最近の若者は腰を落とさなくなった。だから吹けば飛ぶような姿勢になった――と嘆くのは、私ではない、柳田國男である。文化勲章を受けた学者で、日本民俗学の創始者でもある。

そして、柳田が嘆いたのは昭和三十四年だから今から四十年も前のことだ。この年に発表した「故郷七十年」という文章の中で、柳田はつぎのように書いている。

〈私の親戚に槍の先生があった。特殊の身体つきをしており、後から見ても、横から見ても、身の構えで槍の使い手ということがよくわかった。腹へうんと力を入れて腰をちよっと落している。そのために少しばかり背が低くなるが、その姿勢は槍を使う目的から起こって、士族の多くに行きわたっていた。こんな姿勢がみなから笑われるようになったのは、憲法発布よりずっと後の、明治二十九年か三十年ごろからのことで、それまでは誰も笑わなかった〉

あまりにも大昔の話になってしまったので恐縮だが、腰は落としたほうがいい、と日本人が思っていたのは、なんと日清戦争より前のことで、それ以後は腰もまた財布と同様、落とすほうが悪いことになったようだ。

前の文章にひきつづいて、柳田はこうも書いている。

〈いまの東京駅ができてまもないころ、私は東京駅の降車口から出てくる若い人のズボンの折目のきれいなのと、脚のまっすぐなのをみて、「ああ世の中が変ったなア」と、ほんとうに心から考えたことがある。あのころでも田舎へ行けば、まだみな腹へ力を入れて、尻のほうがいくらか飛び出して歩いている人が多かった。都会の学生はもういわば吹けば飛ぶような恰好をするようになったが、それがつまり、一種の文化というわけであった〉

東京駅が竣工したのは大正三年である。

その当時の日本人男子の平均身長は百六十二センチ、体重は五十四キロであった。いまの二十代の日本人男子の平均身長は百七十一センチだから九センチも低い。膝も曲がっていたにちがいない。

しかし、柳田の目にはそれが大変すらりとしているように映ったのだろう。

だが、「すらり」がいいことか、悪いことかの価値判断になると話は別である。

腹に力を入れ、腰を落として歩いていたころの日本人にくらべると「自重する君子から片々たる才子に移ったわけで」まことに嘆かわしいと柳田は慨嘆している。

中腰

腰を半分あげて立ちかかった姿勢、が中腰である。見た恰好があまりよくない。「及び腰」や「へっぴり腰」に似ている。

「及び腰」は、膝を曲げ、手をのばして、なにかを探ったり、盗もうとする時の不安定な姿勢だし、「へっぴり腰」は文字どおり屁をする時のように、うしろへ尻をつき出した自信のない姿勢だ。

中腰への一般評価は低い。どんな時に中腰になるか、と何人かの知人にたずねてみたが、中腰になんかなったことはない、という答が多かった。一人、おもしろい答をした男がいた。

風呂の水をうっかりして、湯槽に九分目まで入れて沸かしてしまった。ふだんのように首までつかったのでは沸かし立ての湯が大量にこぼれてしまって勿体ない。だから中腰で胸のあたりまで湯につかり、十分にあたたまったところで、湯槽から出て湯槽の湯を使って身体を洗い、こんどはゆっくりと首までつかってあたたまったことがあった。最近、中腰になったのはこの時ぐらいのものだ、といってみんなに笑われた。

中腰で重いものを持って、負担が二倍以上かかって椎間板を痛めます、と健康ブックのにも書いてある。

立ってもなくすわるでもない、どっちつかずのあいまいなところが、中腰というものの印象を悪くしているのだろう。

だが、「中腰はあらゆる動作の基本」だとする人もいる。

〈未知の空間や闇のなかを探りながら歩くとき、人は我知らず中腰になっている。戦闘においてもそうである。獣を相手にする場合でも、また素手であれ、得物を手にしてであれ、戦うときには、押しボタン戦争でもないかぎり、人はつねに中腰になっている。そういう意味では、中腰はあらゆる動作の基本になっているといっていい〉(三浦雅士著『身体の零度』)

という意見もある。これは著者の三浦氏が西アフリカのナイジェリア、ガーナなどの諸国をたずね、森林地帯の原住民の舞踊を見て、それが中腰を基本にして形づくられることを知っての感想である。

〈中腰が有利なのは、それがどのような動作にもすばやく移行できるからである〉とも著者はいっているが、いつ敵があらわれるかしれない、どんな不測の事態が起こるかしれないという森林の中では、人々が中腰を基本の姿勢とするのは当然であろう。

闇の中を手探りで歩くこともない、戦争もしない、獣とも闘わない、現代の日本人が中腰をしなくなったのも、これもまた当然で、中腰をしないですむ社会がすなわち文明社会だといえるのかもしれない。

柳腰

「やなぎごし」と読むと、いかにもやまとことば風だが、もともとは「柳の細くしなやかな枝」のことをいった中国の言葉だ。女性のやさしい体つきのことの形容にもなったが、これを直輸入した上で、訓読みにしたのが「やなぎごし」である。

もう一つ、女性の体の美しさを柳にたとえた言葉がある。

「柳眉」

である。これは「やなぎまゆ」と訓読みはしない。「りゅうび」としか読まない。また「柳眉を逆立てる」という成句でしか用いられない。美人が怒った時の様子をいうのである。

「柳眉を下げてニコニコ笑った」とは決していわないのである。

同じ柳でも柳眉は柳の葉の細く、長いかたちにたとえたのであり、柳腰のほうは枝にたとえた形容だ。

柳は北半球から南半球の一部まで、広く分布する植物で約三百種類もあるが、代表的なのは枝垂れ柳であろう。『日本大歳時記』の「柳」の解説にも、

〈薄緑の新しい葉をつけた柳の枝が、細くけむるように垂れさがっているさまが、艶に

美しい〉

と書かれている。

屋形船に女が乗る時、髪をこわさないように首を傾け、腰をかがめる姿が柳の枝のくねくねとした形に似ていた。船には腰から乗るものといわれたぐらいで、その腰の姿がまことに色っぽかったものである。だが、

ひとかかえあれど柳は柳かな

となると、これは柳の枝や葉ではなくて幹である。加賀千代の作と伝えられる句で、中年女性になって腰まわりがひとまわりもふたまわりも豊かになった彼女が、「柳だって年輪がふえれば、幹まわりがひとかかえもあるような大木になる。それでも柳であることに変わりはないのだから」

と開きなおってみせたのである。江戸川柳にも、

大木になつてもどこか柳なり

という似たようなのがある。

「柳容」「柳態」——ともに女性のしなやかな姿を柳にたとえた言葉だ。「蒲柳《ほりゅう》の質《しつ》」となると、褒め言葉ではない。弱い体質のことだが、美人薄命というから、これも美女の形容に通ずるところがあるのかもしれない。蒲柳は〽なにをくよくよ川端柳……のあのカワヤナギである。

腰だめ

ある集まりで、その会の主催するイベントの経費について、「腰だめだけれど、五百万円もあれば大丈夫なのじゃないか」といったらほとんどの人が「腰だめ」が分からなかった。

新憲法の草案づくりにたずさわったことで知られ、人事院総裁もつとめた佐藤達夫は『植物誌』で日本エッセイスト・クラブ賞を受賞した文章家でもあるが、その随筆集の中に、「法治国と法地獄」という文章があり、その中で、いまの日本にはいったいどれくらいの数の法律があるものなのかという話を書いている。

〈少し落ちついて計算すれば何でもないことながら、そこまでのひまも気力もない。それで、ほんの腰だめだが、一万件近いのではないかと推測している〉

という一節がある。

これでもうお分かりのように、大ざっぱな見当では、というのが「腰だめ」である。『広辞苑』には〈狩猟などで、銃床を腰にあてて構え、大ざっぱなねらいで発砲すること。転じて、大づかみな見込みで事をすること〉とある。

こんな辞典の解説を読むと、「腰だめ」は信用ならないと思う人が多いことだろうが、私はきわめて個人的な体験から「腰だめ」をわりあい信用しているのだ。

私は一兵士として中国大陸で戦争に参加させられたが、特異な体験としては、ソ連軍と戦ったということがある。

当方は塹壕の中にいて、攻め寄せてくるソ連軍と戦ったのだが、ソ連軍というのは実にいい加減で、日本軍から迎撃されているにもかかわらず、身体をかがめるでもなく、突っ立ったままの姿勢で、どんどん近づいてくる。その間、彼らは自動小銃を腰にあてて、目標もしっかり見定めず、バンバンバンと撃ちつづけているのだ。

われわれ日本兵のほうは、持っている弾丸もきわめて限られた数であり、使用している銃は一発ずつ弾込めをして撃たなければならない旧式の銃だったから、腰だめなどとんでもない。一発ずつ、慎重に狙いを定めて撃った。

結果はどうだったか。腰だめのソ連軍のほうが圧倒的優勢で、私たち日本兵は命からがら退却した。

この体験から私は「腰だめ」を軽んじてはいけない、と思っているのである。

腰張り

建物や建具などの中ほどから下の部分を「腰」という。壁や襖などの下のほうにだけ、汚れを防ぐなどの目的から紙や布を貼ることがある。これを腰張りというのだが、「腰張り強くて家を倒す」

ということわざの腰張りは違う。この腰は本物の人間の腰である。精力の強い男のことを昔は「腎張り」といった。腎は性エネルギーの根源だと信じられていたからだ。

腰もまた性力の元締みたいなものである。

永井荷風作と伝えられる『四畳半襖の下張』にこんな一節がある。

〈元来淫情強きは女の常、一ツよくなり出したとなつたら、男のよしあし、好嫌ひにかかはらず、恥しさ打忘れて無上《むしやう》にかぢりつき、鼻息火のやうにして、もう少しだからモットくと泣声出すも珍しからず。さうなれば肌襦袢も腰巻も男の取るにまかせ、曲取のふら〳〵にしてやればやる程嬉しがりて、結立《ゆひたて》の髪も物かは、骨身のぐた〳〵になるまでよがり盡さねば止まざる熱すさまじく、腰弱き客は、却つてよしなき事仕掛けたりと後悔先に立たず……〉

「腰弱き客」とある、この「腰」は性力のことに他ならない。その「腰」が頑張っているのが「腰張り」である。

好色のために財産を使い果たすことを「腰張り強くて家を倒す」といったのだ。

腰弁

腰弁は腰弁当の略で、腰に弁当をぶら下げて会社に通う安サラリーマンの代名詞だとは誰も承知しているが、ではその由来は、というと定説がない。

現在、気象庁、丸紅、毎日新聞社があるあたりの一帯――和田倉橋から一つ橋へかけてのお濠端の通りは、明治時代には「腰弁街道」と呼ばれていた。腰弁すなわち薄給のサラリーマンたちが朝夕、ぞろぞろと列をなして通ったからだ。腰弁という言葉は今ではすっかり廃れたが、明治の末期に生まれ、大正、昭和とずいぶん長生きした流行語だった。

その当時の安サラリーマンが腰に弁当をぶら下げていたから腰弁という言葉が生まれたというのが通説となっているが、ほんとうだろうか。なぜ弁当包みを手に持たないで、腰にぶら下げたのか。そんなことをする必要はどこにあったのだろうか。明治、大正時代の写真や絵を見ても、腰に弁当をぶら下げた勤め人の姿をそんなにしばしばは見ない。私に限っていえば、ほとんど見たことがない。

江戸時代に、勤番の下侍が腰に弁当を結びつけて出仕したことから起こった言葉だとする説があるが、これなら分かる。

武士の心得として、いつ何時でも刀を抜いて敵と戦えるように両手はいつもあけておかねばならぬ、ということがあった。弁当ごときものに手を奪われて不覚をとったとあっては武士の名折れ、と弁当を腰に結びつけたのであろう。

しかし、江戸時代の腰弁当のしきたりが、明治末期になって、突然、安サラリーマンの代名詞としてよみがえるという点が腑におちない。また、侍は左の腰に刀をはさんでいたのだから弁当は当然右だが、右腰に弁当、左腰に刀というのはかなり見苦しい姿勢ではないか。ほんとうにあったのだろうか。

弁当のことを「行厨」ともいった。弁当は当座を弁ずる、の意味。行厨は厨代りに行先へ運べるの意。はじめは行旅の携行食として用いられたものである。

臍茶

同じ文字が読みかたひとつで、感じがまるで変る、というのはよくあることだが、「臍」はその中でも顕著な例だろう。

「ほぞ」と読むと、沈痛であったり、決然としたり、ものものしい感じになるが、「へそ」と読むと、一転して軽くなる。

これは「へそちゃ」と読むのだが、聞くからに軽々しいではないか。

もちろん「臍が茶を沸かす」を簡略化したもので、

「まったく臍茶だよ、あいつの話は」

というふうに用いる。おかしくて、吹き出さずにはいられない様子をいう。

「臍黒」

というのもある。「へそぐろ」と読む。「腹黒」とまったく同じ意味だが、こっちの言いかたのほうがなんとなく愛嬌がある。

「腹黒」はつきあいはもちろん、顔も見たくない相手だが、「臍黒」は一点、憎めないところがある悪いやつ、というところか。

「飯を食う」ことを隠語では「臍をつける」という。また、新潟県の一部では、「垢」

のことを「へそ」という。これは「臍」の「へそ」なのだろうか。それとも他の「へそ」か。

主婦が(近ごろでは、夫がの場合も多い)夫に内緒で貯めこんだ金のことを「へそくり」といい「臍繰り」と書くが、これは当て字であって、この場合の「へそ」は「綜麻」が正しい。

つむいだ麻糸を巻いて、中空にしたもので「おだまき」ともいうのだが、大昔の主婦はこうした手仕事をしてかせいだ金の一部を貯めておいて、小づかいにしたのだ。

臍を噛む

臍は「へそ」とも「ほぞ」とも読むが、この場合に限っては「ほぞ」としか読まないことになっている。逆に「臍で茶を沸かす」は「へそ」であって「ほぞ」とはいわない。誰が、いつ、何を根拠に決めたのだろうか。

「噛む」は辞書では「噬む」と見馴れない字が出ている。「噬む」には「かみつく」「くらう」の他に「およぶ」とか「至る」の意味もある。

「臍を噛む」は「後悔する」ことだが、どうしてそんな意味になるのか。

自分の臍を自分で噛むことはできっこない。逆立ちしたってできない。しょせんは及ばないことである。すんでしまったあやまちをどんなに後悔しても取り返しはつかない。取り返しのつかないことは「及ばない」ことである。

「臍を噛む」ことのようにしょせんは及ばないことだ、というので「後悔する」ことを「臍を噛む」というようになった。

「臍」の字のつくりの斉は、正しくは「齊」で、人名では「ひとし」と読むように、「長さがそろっている」意味の文字だ。へそは、体の中心にあって、へそから上の長さと下の長さが均《ひと》しいことから月（にくづき＝体をあらわす）に斉をくっつけて「へそ」をあらわしたのである。

しかし厳密にいうと、へその位置は体のまん中ではない。男よりは女のほうが、未開人よりは文明人のほうが高い位置についている。動物でも下等の哺乳動物ほどへその位置は下方にある。

人間は体の中心よりはっきり上のほうにある。自分のペニスをくわえる曲芸があるそうだが、どんな曲芸師でも自分のへそは絶対に嚙めないにちがいない。「及ばない」ことなのだ。

「臍を固める」

これも「へそ」ではなく「ほぞ」と読むが、「決心する」ことだ。人は胎内にある時には母親とつながっている。臍の緒を切り離してはじめて人間は一本立ちする。臍は人間の原点だといえる。そんなところから臍という文字は物事の基本や基礎を意味するものとしても使われる。

基礎をしっかり固めて、さあ、やるぞ、と決意することが「臍を固める」なのである。

「臍堪えがたし」

これも「ほぞ」と読んでほしい。「我慢できない」「辛抱ならぬ」という気持ちをこのようにいう。

目や鼻や口と違って、きわめて感覚のにぶい臍でさえもじっとはしていられない、それほどの深い刺戟を受けた、という意味だ。

おいど

大阪弁で「尻」のことである。「居所」の下の二音が省かれて「いど」になり、それに接頭語の「お」がついたものとされる。大人の男は使わないこともないが、あまり使わない。女ことば、幼児ことば、といってもいいか。

子どもが尻をまくって遊ぶのを「おいどまくり」という。田辺聖子さんも、

〈私が小学生のころも、

〽今日は二十五日

おいどまくり　はやった……

と囃しつつ、悪童連が女の子のスカートをぱっとまくる、というようなことがあった〉

と書いている（『大阪弁おもしろ草子』）。

「便所の火事で焼け糞や」といったしゃれ言葉が大阪の人は好きだし、上手だが、「牛のおいど」というのがある。「モーの尻」で「物知り」のことである。

尻の異名は多い。『全国方言辞典』には、「おいど」の他に「あかべ」「いしき」「こっ

ぺ」「しったぶら」「しりご」「しりこぶた」「しりたぶ」「つび」「つべ」「ひゅー」「ももじり」等々が出ている。

「いしき」は埼玉県入間郡・淡路島・岡山・広島で用いられていると辞典にはあるが、昔はもっと広く通用していた。『言泉』には、

〈いしき【居敷き・臀】①座。席。座席。②尻。おいど。――あて【居敷き当て・臀当て】衣服の裏の尻の当たる所につける布地〉

とある。「こっぺ」は不思議な言葉だ。備後地方では「尻」をさし、秋田では「頭」のことをいう。同じ言葉で真反対の箇所をいうのは他に例があるだろうか。

「しったぶら」は「尻たぶ」のなまりか。「たぶ」は「耳たぶ」の「たぶ」だろう。「しりこぶた」も同様。「つび」は全国的には古く女陰をさす言葉だったが、沖縄では尻のことをいう。

「ももじり」は「桃尻」で、特に突き出した形の臀部をいう言葉。壱岐地方の方言だ。愛媛にも「ももじり」という方言があるが、これは「尻の落ちつかぬ人」「辛抱の足りない人」をさす。

漢字の「尻」は「尻の穴」をさす文字だ。また尻の俗称の「けつ」は「穴」の音読で、これも尻の穴（肛門）に焦点をあてた言いかたである。

尻の主役は、あの豊かな双つのふくらみか、それともその谷間にある穴なのか、どちらに軍配を上げるべきなのだろう。

尻の肉の部分だけをいう言葉は少ない。『広辞苑』には「しりたむら」というのが載っているが、ご存知の方は少ないのではないか。一般に知られているのは「しりっぺた」ぐらいのものだろう。

肛門のほうは、各地にいろんな言いかたがある。全国的なのは「けつめど」だ。「めど」は「目処」で「針のめど」というように穴のことで、「けつめど」は「尻の穴」すなわち肛門である。

「しりうど」は高知の方言だが、これも「尻の穴」のことである。この地方では穴のことをうどといい、鼻の穴のことも「鼻のうど」という。鹿児島では肛門のことを「しりのす」というが「尻の巣」か。

三重県には「ずんぼ」という言いかたがあるが、この語源はなんだろう。

「きく」「きくざ」「きくだら」などは肛門の周縁の襞に目をとめて、これを菊の花弁に見立てた表現だ。

足腰

「足と腰」なんて簡単に説明してある辞書もあるけれど、そういうものではないだろう。「足腰をきたえる」というのは文字どおりに足と腰だけを鍛練して腕や背中や腹や首は関知しない、というわけではない。全身を鍛えることを「足腰を鍛える」というのである。

腰という漢字は身体（ニクヅキ）にカナメ（要）を配したもので、腰が人体の一番大事なところだとの意味あいだろう。

だから腰は人間の体全体を、あるいは人間そのものをあらわす言葉として用いられることが多い。

「喧嘩腰」というのは、別段、腰だけが相手と喧嘩をするのではない。今にも喧嘩をはじめようと露骨に威丈高になる態度のことをいうのである。「逃げ腰」も同様である。ほかにも「及び腰」とか「高腰」「強腰」などがある。

腰の一字でもって、その腰の所有者である人物全部を表現しているのである。実際には胴長短足の体形で、腰の位置は人なみよりずっとひくいところにあっても、他人に対して尊大・横柄な態度をとる人物は「高腰」と呼ばれるのである。

IV

足の部

足

本田宗一郎さんから「ブレーキは車を走らせるためのものだ」という奇説をうかがったことがある。よく走る車ほどちゃんとしたブレーキを装着させなければならない、乳母車やスーパー店内の買物車にはブレーキは必要ない、という話で、一見逆説めいていたが、大いにうなずかせられた。足という字にもそれと似たような理屈がつく。ふつう、足は歩くためのもの、動くためのものと考えられているが、ほんとうは「止まるためのもの」なのだという。

少なくとも、昔、足の字を考え出した人はそう考えたのだろう。足は「止」の上に○をくっつけた形なのである。○は丸い膝小僧をあらわす。止は足首の形だ。前に進んでいく膝小僧を足首できちっと止める。これが足の働きなのである。進んで止まることを知らなければ、山にぶつかるか海に沈むかだ。「止」を基本に「足」という字をつくったのはまことに賢明なことではないか。

「歩」にも「趾」にも「此」にも「止」が入っているが、案外気がつかないのが「正」だろう。「正」の上の「一」は目標である。ゴールである。ゴールにむかってまっすぐに「止」(足)を進める。そして、一に着いたらぴったりと止まる。これが正しいことだ、というしるしなのである。

足をなめる

「足を洗う」「足を出す」「足をすくう」「足を引っぱる」「足を棒にする」等々、「足をなになにする」という言いまわしはたくさんあるが、「足をなめる」というのはあまり耳にしない。

当然で、これは日本語ではなくて、

"Lécher les pieds de Monsieur A."

というフランス語なのだ。直訳すれば「A氏の足をなめる」だが、「A氏に卑屈なおべっかを使う」という意味だ。

pied は足首から下の部分をいい、英語の foot にあたる。そんなところをペロペロするのは相手に完全に屈従している場合以外には考えられない(足フェチは別だ)。うまい形容だと思う。

中国には「嘗糞」という言葉がある。このほうがもっとひどい。越の国の王勾践は敵国呉になんとか仕返しをしてやりたいと考えていたが、自分のほうの力がつく前に呉王を怒らせてしまっては殺されてしまうから、じっと我慢してこびへつらいの限りを尽くした。その一つが病気になった呉王夫差の糞を嘗め、これで病気はなおります、とお世辞を言った。この故事から人にこびへつらうことを「嘗糞」というようになったのである。

日本語では「なめる」を本来の意味でなく比喩的に使う場合は「世の辛酸をなめる」とか「炎が家々をなめるように」とかぐらいで他人の足をなめるなんてことは想像することすらできなかったのかもしれない。キスの習慣が欧米ほど一般的ではなかったせいもあるだろう。

参考までに付け足すと、

「この野郎、人をなめやがって」

というような場合の「なめる」は「舐める」「嘗める」ではない。「無礼」のことを「なめ」といった、その「なめ」の動詞化であって、舌でぺろぺろなめるのとはまったく関係がない言葉である。

老足

漢和辞典には「老脚」だけしかなかったが国語辞典には「老足」がある。『大言海』には、

〈老人ノ足。又、老人ノ歩ミ〉

として謡曲『遊行柳』の〈遊行ノ聖トハ、札ノ御所望ニテ候カ、老足ナリトモ、今少シ急ギ給ヘ〉の用例を挙げている。『広辞苑』や『大辞林』にも出ている。

ユーモア作家の佐々木邦のエッセイ「老来」の中につぎのような一節があった。

〈義太夫の新口村《にのくち》に「孫右衛門は老足の」という文句がある。若い頃、この老足がその場拵えの言葉と思えたが、今となると、昔からあった立派な表現だと合点が行く。老人は老足で立居にも骨が折れる。子供の頃、億劫なものだと思って見ていた年寄の挙止を今は自分で再現する。遠く歩けない。散髪屋さんにも来て貰う。

岡山の同僚で生き残りの八十二翁が「足が弱くなって郵便を出しに行くにも一苦労だが、君のところはポストが近くていいね」と書いてよこした。足弱といって、婦人子供がこの仲間に入る。足弱もいい言葉で、昔懐しく感じさせる〉

同じように、上に老の字がついても「老手」のほうは「老練な手なみ。またその人。

熟練者」の意味であって、悪い意味はない。私も老人と呼ばれる年齢だが、手のほうにはあまり衰えを感じない。足ははっきり弱ったと思う。道を歩いていても若い女性にどんどん追いこされるし、長い階段は一息に上れない。老足とか足弱という言葉には強い実感がある。

「足弱」という言葉ももはや死語になったが、昔は、嫁と孫二人を連れてお寺参りにいった老人が、

「足弱を三人も連れていったものだから、きょうはくたびれた」

などといって、「おじいちゃんこそ、自分のことを棚に上げて」と笑われたりしたものだ。足が弱ったことではなくて、女子供のことを「足弱」と言ったのである。

今は女性も少年たちも強くて大きくて、足弱という形容はぴったりしない。今日、足弱は老人の代名詞として復活させるべきではないか。

高足

人体表現の中には音読みするか、訓読みするかで意味がまるで違ってくる言葉は少なくない。「目下」も「めした」と訓読みすれば「地位、階級、年齢などが自分より下の人」のことだが、「もっか」と音読みすれば「現今、ただいま」のこと、あるいは「眼下」のことになる。「高足」もその一つで、「コウソク」と音読みすれば、足のことではなくなる。弟子の中でもっともすぐれた者、すなわち「高弟」のことである。

「たかあし」と訓読みすれば「足を高く上げて歩くこと」または「脛《すね》の長いこと」と足のことになる。そのほかにも「竹馬」「高足駄」「高脚膳」などいくつかの意味がある。

「高足で歩く」といえば「足を高く上げて」歩くことである。

日本人は走ることの少ない民族だそうで、三浦雅士氏の『身体の零度』には、「その証拠に能や、後世の歌舞伎においてさえ、走るという芸の行動はない。早く歩くか、高足を上げて歩くかの程度である」という一節がある。

「高足だから逃げ足も早かった」という場合は脛の長いことをいう。短足の反対である。

内足

辞書には出ていない言葉だから初耳の方も多いだろうが、歩く時に爪先を内側にむける、いわゆる「内股」のことだ。

反対に爪先を外にむけてパッパッと歩くのは「外足」という。

昔の日本女性はたいてい内足に歩いた。またこれが女らしい美しい歩き方だとされた。しかし、これはおかしいことだ、と柳田國男は『木綿以前の事』の中で指摘している。日本人ばかりか外国人までが内足をほめる。あるフランス人は、内足は日本女性の優美な心情のあらわれだと激賞したが、これはとんだ思い違いで、桃山時代の屛風絵などを見ると、女たちはみな外足でさっさと歩いている。

内足になったのは江戸以降のことで新しい風俗にすぎない。またそうなったのも、心が優美とか、そんなことではなく、麻のようなさらりとした材料を着物にあまり使わなくなったとか、腰巻を二重にするようになったとかで、裾さばきが不自由になり、外足でパッパッと歩けなくなっただけのことだ。

こんなふうに、外国人の思い違いを笑っている。

柳田はきつい言いかたをしているけれども、内足が日本女性の体形や衣服の特徴に適応した歩きかたであることは否定できない。日本人の足は畳の上にすわるという長年の習慣からか、きわめて短い。とくに下肢が短い。加えて、衣服は裾長前あわせであって、下穿きを用いず、肌の露出が許されなかった時代にあっては、たしかな裾さばきは女性にとって不可欠なことであった。その裾さばきのために内足で歩くことが行なわれたのである。

今の日本女性は足も長くなったし、洋服だし、下穿きも着用するし、内足で歩かなくなったのは当然のことだろう。わざわざ外足ということもないから、内足、外足ともに今や死語に近い。

内股は「うちもも」であって、股の内側のことだ。柔道の業の一つに「内股」というのがあるが、これは相手の内股をはね上げて宙に浮かし、倒すのだから適切な命名といえる。ただし「うちもも」とは読まない。「うちまた」である。これも「うちまた」だが、「内股膏薬」というのはおもしろい比喩だ。

あちらについたり、こちらについたり、定見、節操のない者のことをいうのだが、実際には膏薬の裏側には接着力はないのだから、右の内股に貼った膏薬が左の内股にくっつくということはないのではないか。

そうにはちがいないのだが、内股膏薬といわれると、膏薬が左右の内股のあちらにぺったり、こちらにぺったりとなる様子を想像してうなずいてしまうのである。

摺り足

踵を上げずに、足の裏全体で地面や床をこするようにして歩く歩き方。早くは歩けないから普通の歩行にはむかないが、摺り足こそ日本人本来の歩き方だという人も少なくない。

京都大学名誉教授の多田道太郎氏もその一人で、「日本文化の独自性」というタイトルで、

〈能の所作、お茶の立ち居振る舞いなどは、すり足を基本としている。地面を愛《め》でるかのようにすり足であるく。下駄をはいていては、すり足のよさはでてこない。神は、たとえば松の木を依代《よりしろ》として、方一丈のところを照らしている。人はこの狭い土地を愛《め》でつつ、足袋はだし、すり足であるくのである〉（東京新聞夕刊、昭和五十七年一月十二日）

と書いている。

日本の踊りと西洋の踊りの違いを一言でいえば、バレエのように西洋の踊りは絶えず跳ねている。爪先立ちし、飛び上がり、できる限り足を大地から離そうとしている。日本舞踊は常に足が床についている。大地から足が離れないのが日本の踊りの特徴である。大地を愛してやまぬ農耕民族は、心も足も大地から離れたくないのである。それが摺

り足という歩き方になるのである。

踊りばかりではない。武術でもそうだ。

ボクシングの選手はたえまなく飛び跳ねている。両足がしっかりと床についている瞬間はないといっていいくらいだ。日本の武術は剣道でも柔道でも摺り足で動く。相撲でもそうだ。

飛び跳ねていたのでは、相撲も剣道も勝てないのである。

「摺り足」とは逆の「足摺り」という言葉がある。高知県土佐湾西端の足摺岬は、四国霊場三十八番札所金剛福寺の所在地として知られていたが、今では灯台、展望台、椿のトンネルの遊歩道などで、四国の代表的な観光地となっている。しかし「足摺り」という言葉は元来、観光のような遊楽的なものとかけ離れた意味を持つものであった。

耐えきれないほどの強い怒りや悲しみに襲われたとき、日本人は大地を強く踏みつけ、あるいはじだんだを踏んで、その感情をあらわす。それを「足摺り」と呼んだのである。嬉しいにつけ、悲しいにつけ、大地から足が離れないのが日本人なのだ。

鰐足

花魁道中《おいらんどうちゅう》というのをテレビなどでご覧になった方は多いだろう。現在は遊廓もないし、したがって花魁も存在しないから、単に花魁の衣裳を着せてもらっただけのフツーの女性が道中しているわけで、歩きっぷりもそれほど見事ではない。『新吉原つね〲草』という本を見ると、元禄時代の花魁道中は江戸中の人気を集めた大パレードだったようだ。〈見る人、武蔵野に山のごとし〉というものすごい人出で、緋縮緬の内衣がひるがえって花魁の白い足首がちらと見える。もし手もとに金があったならその金を使えたら、打ち首になる大事な公金だと分かっていてもその金を握ってあの花魁を買いに行くしかない、と男なら誰でも思うのではないか、なんてことが書いてある。

その花魁道中における、花魁の歩き方を「八文字」という。足をまっすぐ前に出さず、大きく外側から半円を描くようにまわしながら進む。ちょうと「八」の字を下から逆に書くような具合だ。

内股の極端なのだと思えばいい。反対に足を左右にひろげて歩く道中もあり、このほうが衣裳の前が割れるので人気があった。これは「外八文字」と呼ばれた。

この「八文字」をまた「鰐足」とも呼んだのである。

犬や猫でも虎や豚でも、四つ足の動物は歩く時には足をまっすぐ前に出すが、トカゲや鰐のような爬虫類は足が横についているから斜めにしか出ない。

それで内股に歩くことを鰐足といった。

いまの若い女性には想像もつかぬことだろうが、私の若かったころ——昭和のはじめのころは、娘が足をまっすぐ出して歩くと、親に、

「女の子がそんな歩き方をするものじゃありません」

といって叱られたものである。内股、つまり鰐足を強制されたのだ。

三田村鳶魚の随筆の中にも、

〈本邦婦女の行歩に姿勢を整へたい希望から、切に腰の据りに腐心して、無理にも内股になり、つとめて鰐足になって、外国人から畸形だと云はれることになりました〉

という記述がある。

小股の切れ上がった女

〈あらゆる日本のことばのなかで、ここ五十年来、最も多く話題になり論議せられたのは、多分「小股の切れあがった女」であろう〉と高島俊男氏（中国文学者）がいっている（『週刊文春』平成十年一月十五日号）。しかし、高島氏によれば、議論は多かったにもかかわらず、取るに足るものは中野好夫（英文学者）の論ほか、ほんの数えるほどしかない、とのことだ。

中野好夫の論考は「淮陰生」の匿名で、『図書』に掲載されたものだが、その中で私が興味を持ったのは、「小股」は単なる股ではなくて女性性器を指すのだという意見の紹介である。

国文学者の池田弥三郎や民俗学者の柳田國男らがそういう見解を持っていたらしく、そのことを知った中野は「これが女性性器のある特定部分を指すという教示は、正直にいって初耳であった」と驚いている。

「女性性器のある特定部分」とはどこか。

〈「こまた」はやはり身体の部分であって、その線がたてに深くはいっている女のことで、それは結局「床よし」の女のことをさす〉

という池田の文章が引用されている。

婉曲な表現で分かりにくいが、露骨にいってしまえば、「その線」というのは俗にいう「ワレメちゃん」の「ワレメ」（つまり陰裂）のことだろう。

それでもまだ十分には理解できないかもしれない。

ちゃんと服装をととのえた女性を外から一見して「陰裂が深くはいっている」かどうかが分かるものなのか。

「陰裂が深くはいっている」ことが、どうして「床よし」ということになるのか。

疑問はいくつも湧く。

日本芸術院恩賜賞を受けた洋画家であり、挿絵画家としても有名だった木村荘八は著書『続・現代風俗帖』の中で、

〈女がソクで立つ場合に、内輪の足つきは、足先が両方からつくに反して、踵は双方離れる。――この間にすき間が明いて「小股が切り上がる」のである。と僕は解釈する。（中略）「イキ」の美感が此の体勢でないと成り立たないとする断定は、絶対動かない。例えば此の足に、裾長いキモノがかかって、それが内廻転に運ぶ足さばきのスクリュー故に、如何に歩毎にイキで美しい姿がそこに出来るかを、思い玉え〉

と書いている。

「ソクで立つ」とは足を割らないでまっすぐに立つことである。木村荘八説は「小股の切れ上がった」を姿勢や動作ととらえているようだ。これだと外から見ても分かるわけ

だが、姿勢や体の動きだけで、体形そのものは関係ないのか、という疑問は残る。

身長百五十センチで七十キロもある肥満女性が「ソクで立ち」あるいは「内廻転」で歩けば「小股の切れ上がった女」に見えるのか、と首をかしげることになる。

西鶴の『本朝二十不孝』には、

〈すまた切れ上がりて大男〉

というのが出てくる。「すまた」は「素股」でここでは「むき出しになっている股」のことだろう（最近は、すまたというと股間交接のことをいう場合が多い）。

日本人の体形の特徴は「胴長短足」だが、この大男は足も長い長身の大男なのだろう。長い足を大きく開いて堂々と歩く、そのかっこよさを「すまた切れ上がりて」と西鶴は表現したわけだ。

男の場合は「素股」だったのが、女の場合は「小股」に変わる。その理由はなにか。

以下は私の勝手な解釈である。

江戸時代の日本人の美的感覚から見ても、胴長短足よりは胴短長足の体形のほうがやはりかっこよく見えたに違いない。男も女も同様に、だ。

足の長い女の歩きかたは、短足の女のちょこちょこした歩きかたよりはずっとスマートに見えたはず。

足の長いのは「股が切れ上がっ」ているからだ、とみるのも妥当な見方だ。

では「股」ではなく「小股」と「小」の字がくっついたのはなぜか。

「小首をかしげる」という。「小首」という部位があるわけではない。「小」は「首」にかかるのではなく「かしげる」にかかる。首をちょっと傾けるのが「小首をかしげる」である。

「小股」の「小」も「股」にかかるのではなく「切れ上がる」にかかるのではないか。女性はいくら長足であっても、大男のように股をいっぱいに開いて歩いては艶消しだ。すこしひかえめに開く足さばきのほうが色っぽい。

股が大きく切れ上がっている女よりは、股が小さく切れ上がっている女のほうがいいよ、というところから、

「小股の切れ上がった女」

という成句が生れたのではないか。

小股を掬う

小股の切れ上がった女は喜ばれるが、小股を掬《すく》う男は嫌われる。「相手の油断やちょっとした隙をねらってうまいことしようとする」のが「小股を掬う」ことである。

相撲の四十八手のうち「小股掬い」というのがある。まず出し投げを打ち、相手がこらえようとして前に出した足の膝の関節の内側を片手でとって持ち上げ、またはひねって、それと同時に相手の体に肩を押しつけて倒す。小兵で非力の力士がよくやる。横綱相撲というものではない。

相撲のきめ技には「寄り切り」「突き出し」「上手投げ」「出し投げ」など正攻法の堂々たるものと「けたぐり」「足取り」「すそ払い」など小器用なものとあるが、小股掬いはもちろん後者で「外小股」というのもある。これは腕を相手の腿の外側からまわして、相手の片足を持ち上げるのである。

日本の相撲史上の大番狂わせベストスリーといえば、大鵬が四十五連勝のあと前頭筆頭の戸田に負けた（この勝負はのちに誤審と分かり、これを機に判定にビデオが持ちこまれることになった）昭和四十四年三月場所の一番と、双葉山が七十連勝の一歩手前で安藝ノ海に負けた昭和十四年春場所の一番と、それから天明二年春場所の谷風と小野川の一番との三つだとされている。

六十三連勝の谷風を小野川が破ったこの一番のきまり手が小股掬いだった。非力の相撲が大敵に一泡吹かせるにはきわめて有効な技なのだが、こういう手で負けたほうは無念さが数倍であろう。

その無念さに同感、あるいは同情する気持ちが「小股を掬う」をいい意味では使わなくしたのだろう。『広辞苑』では「小股を掬う」の語釈として、〈相手のすきや油断をとらえて、自分の利益を計る〉と記している。

「小股を掬う」という場合の「小股」も、「小股の切れ上がった女」の「小股」と同様、「小股」という場所があるのではなく、「小」は「掬う」にかかるのであろう。全力で相手の股を掬うのではなく、タイミングよくさっと相手の股を掬うところに妙味がある。非力な力士が絶妙のタイミングを見計らって大きな相手を倒すところに「小股掬い」の妙味はある。

歌膝

「三十六歌仙絵巻」の柿本人麻呂の像を見ると、まことにゆったりとしたすわりかたをしている。左膝は楽な感じで横に倒し、右膝は立てている。その右膝の上に筆を持った右手がのっており、目がちょっと宙に浮いているように見えるのは歌想を練ってでもいるのであろうか。

人麻呂ばかりではなく、万葉の歌人はたいていこんな姿勢をして歌を詠んだものらしい。右膝を立て、左膝を横に倒したすわりかたを歌膝というのはこんなことに由来する。歌膝は立て膝の美称というべきか。

今の日本人の多くは、立て膝を行儀の悪いすわりかた、あるいは間に合わせの、中途半端なすわりかたと思っているようだが、それは違う。

〈日本では正座はお行儀がいいことになっていますよね。とくに女性は、ちゃんと正座をしなきゃいけない。でも朝鮮人女性の正座法は、右ひざを立てて左足はあぐらの形、「日本式の正座は、多くの朝鮮人に囚人の姿を連想させる」なんて面白いじゃない?〉

と、国立民族学博物館教授・片倉もとこさんは語っている。これは野村雅一著『ボディランゲージを読む』についての談話の一節で、カギ括弧の中は同著の引用である。

「右ひざを立てて左足はあぐらの形」というのは歌膝と同じ形であり、典型的な立て膝だが、これが韓国では礼儀正しいすわりかたなのである。

一九八四年九月、当時の韓国大統領全斗煥（チョン・ドファン）氏が夫人の李順子（イ・スンシャ）さん同伴で来日した。

この時、書に造詣の深い李夫人へのおもてなしとして、書家の町春草さんが書を呈上した。日本式の正座をして揮毫している町さんのそばで、右足を立て、左足をあぐらにした李夫人がおだやかな表情で町さんの手もとを見ている写真が新聞に掲載された。

この写真を見て、大統領夫人ともあろう人がなんとお行儀の悪い、と眉をしかめた日本人は多かっただろうが、それはまったくの誤解というものである。

逆に韓国人は、町さんの姿を見て、大統領夫人の前に出れば、日本人はこのように屈従的な、囚人同様の姿勢になってしまうのか、と思ったかもしれない。

片方の膝は立て、もう一方の膝はあぐらのように倒さないで、正座の時のようにまっすぐにきちんと曲げてすわる立て膝もある。「エジプトすわり」と呼ばれるもので、アラブの人たちは、この立て膝で食事をする。むろん、行儀のよいすわりかたなのである。

外国ばかりではない。日本でも、立て膝が作法にかなった正しい姿勢として用いられる場合がある。博徒や香具師《やし》などが同業の者と初対面の時に、たがいに挨拶をかわすことを「仁義を切る」というが、この時のポーズにきまりがある。体を斜めに構え、頭を少し下げ、右手を前に差し出す。腰をかがめただけで、立ったままのこともあるが、相手がうんと上位者だと、片膝をついて、一種の立て膝の形をとる。賭場で中盆が賽を振る時にも、片膝を立てることがあるが、これも作法であって、けっして崩れた形ではない。一定のポーズをとることが儀礼をあらわすのである。歌膝もそうしたポーズの一つなのである。

正座

どの辞書を見ても「姿勢正しくすわること」とか「行儀正しくすわること」とか書いてあるけれど、その「正しく」というのが私には分からない。どんな形が正しいのか、それは何を根拠に正しいといえるのか、そのあたりをきっちり説明する必要があるのではないか。

今日の日本人の多くが「正座」と思っているすわりかたは、
①太腿とふくらはぎを重ね合わせ、両足の親指は重ねるが踵は重ねない。
②左右の足の膝頭は、女子はできるだけぴったり寄せる。男子で、特に肥っている人は、それほどぴったりでなくても許される。
③腰は踵の上にしっかり落とし、首筋、背筋をちゃんと伸ばす。肩の力は抜き、胸も張らない。
④肘は張らず、手にも力を入れず、指を内側にむけて膝の上におく。
おおむねこういうものだろう。

では、世界の多くの国でこのようなすわりかたが「正座」とされているか。また、日本でも大昔からずっとこのすわりかたが「正座」として認められてきたかというと、いずれも「ノー」である。

『源氏物語絵巻』『紫式部日記絵巻』など平安時代の絵巻物を見ても、男子は「立ち膝」「あぐら」、女子は「横ずわり」であって、いまでいう「正座」をしている姿など見られない。

諸外国ではもっとさまざまなすわりかたがあって、日本の「正座」のほうこそ世界的に見ると風変わりなすわりかたに見える。

読売新聞（昭和五十一年八月三十日付）に、

〈「正座」は足の病気誘発〉

という三段見出しの記事が載っている。

東大医学部胸部外科・上野明講師と田中尊臣助手が第十回国際脈管学会議で発表する予定の研究成果を報道したものだ。

関清・東邦大教授（脈管学）の、

〈正座は、何か足に悪いのではないか、とみんなが思いながら、医学的に調べた人は一人もいなかった。この研究で、正座が血液循環をどう妨げるのかはっきりしたわけで、日本人の生活の医学的な見直しという点でも貴重だ〉

というコメントも掲載されている。

すわりかたとしても世界的にみて決して多くない上に、健康上もよくないこのようなすわりかたを「正座」として全国民に〝強制〟した理由、あるいは「力」は何だったのだろうか。

畏り胼胝

カシコマリダコ、と読む。畏まってすわる、つまり正座をしょっちゅうしていたためにくるぶしのあたりに「たこ」ができてしまうことがある。単に「すわり胼胝」ということもある。

胼胝は見馴れない字で、今ではよほどの漢字マニアでないと書けないだろうが、昔の人は、海の蛸や空に上げる凧とまぎれないように、仮名では書かず、必ず胼胝と書いたものである。

皮膚の一定の箇所に強い刺戟を繰り返し加えるとその部分が厚く固くなる。

三味線を弾く人の撥を握るあたりには大きな胼胝ができている。「三味線胼胝」とも「撥《ばち》胼胝」ともいうが、ほかにも、「ペン胼胝」や「麻雀胼胝」がある。

「耳に胼胝ができるほど」という慣用句があるが、これは比喩的表現であって、いくら何千万回繰り返されたからといって、声のひびきだけでは胼胝はできないだろう。

胼胝という字をおおかたの人が読めも書けもしなくなったのは当然で、胼胝そのものがほとんど姿を消した。三味線が弾ける芸者は暁天の星の数ぐらいだし、麻雀もすっかり廃れた。ワープロ、パソコンの普及でペン胼胝も発生する余地がなくなった。

あぐら

あぐらはどうも評判が悪い。あぐらをかいた鼻はみにくい鼻だし、「既得権の上にあぐらをかいて」と非難する時の表現にも使われる。漢字では「胡床」とか「胡坐」と書くが、胡は胡瓜、胡弓、胡人の胡で「野蛮な異民族」の意味である。そういう連中のすわりかただ、ということで胡坐と書いたのだろう。

辞書の中には「正座」の反対語としてあぐらを挙げているのもある。すると、あぐらは不正なるすわりかたということか。

だが、もともとはそうではなかった。

「アグラ」は「アゲクラ（上座）」のつまったもので、高く広い場所のことをさす。高貴な人のすわる「高御座《たかみくら》」が「アグラ」なのだ、と『大言海』も解説している。

今でも、二人の人物が向かいあってすわっており、一人があぐらで、一人が正座だとすれば、あぐらをかいているほうがえらい人だと一見して分かる。えらい人が正座している前でえらくないやつがあぐらをかいてすわっているなどということは絶対ないからだ。

つまり、あぐらはえらい人に似合うすわりかただということができるのではないか。

今では女性があぐらをかいてすわることは絶対的なタブーとされている。「膝をくずしてお楽にどうぞ」といわれても横ずわり（「鳶足」とか「蛙足」ともいう）するくらいが関の山だ。

しかし、近世初頭までは女性も平気であぐらをかいていた。むしろその時代のほうが女性差別の度合は少なかったのではないだろうか。老若男女や貴賤を問わず、自由にあぐらをかける時代こそ望ましいのではないか。

投げ足

「あぐら」とか「立て膝」とか「正座」などというすわりかたの呼称の一つである。股関節を直角に曲げ、膝は曲げずに膝関節を伸展位にしてまっすぐに伸ばす。両足の膝は重ねてもよし、重ねずにそろえて投げ出すようにしてもいい。投げ足の姿勢からそのまま上体を横に倒せば、寝る姿勢になる。そんなところからもっとも楽なすわりかたとされている。

しかし、すわることに馴れていない若い人の中には、投げ足をするとうしろに倒れてしまう人がいる。椅子に馴れすぎたために、背もたれのないすわりができなくなったのだろうか。こうなると投げ足も必ずしも楽なすわりかたとはいえないことになる。

投げ足ではあるが、足をまっすぐにのばさず、左右に開いて伸ばすすわりかたもある。両足の間に物を置いて作業するような場合の姿勢だ。開いた両足の形が箕に似ているところから「箕座《きざ》」とか「箕踞《ききょ》」ともいう。箕は穀物の脱穀、選別、運搬などに用いる道具で、竹や蔓を編んでつくる。「投げ足」という文字面から「一挙手一投足」という言葉を思いうかべるが、「挙手」は漢和辞典にあるのに「投足」はない。どうしてなのだろう。

膝吉

人体を擬人名で呼ぶことがある。「土左衛門」や「呑兵衛」がそうだが、膝吉もそうで膝がしらのことである。膝がしらには異名がいくつかある。膝小僧がもっともよく知られているが、「膝株」「膝口」「膝節」などはどうだろうか。

「膝がしらで京へ上る」

ということわざがある。苦労するわりあいに効果が上がらぬ、酬《むく》われぬことをいうのだが、都を目ざして膝小僧でエッチラオッチラ進んでゆく姿を想像すると笑ってしまうではないか。

膝小僧抱いて金魚を見てをりぬ　(青柳照葉)

という俳句もある。

「膝を抱く」というのは「嘆願する」ことをいうのだが、膝は膝でも持ち主が違う。俳句の膝小僧は、金魚を見ている人物が自分の膝小僧を抱いているわけだが、「嘆願する」場合に抱く膝は相手の膝だ。抱く、というよりはすがりつくといったほうが正しいかもしれない。『心中二つ腹帯』に、

〈お前の膝を抱きに三人が申し合せて参るから、半兵衛一人は帰られぬ〉

というくだりがある。

ひかがみ

十人あまりの学生たちの集まりで「ひかがみ」って知っているか？　と訊いたら一人も知らなかった。言葉を耳にしたこともない、という者がほとんどだった。東大生もいた。早稲田も慶応もいた。天下の秀才ばかりの学生たちだったのだが……。

昔は小学校しか出ていない男でも知っていた。軍隊で教えたからである。

兵隊に行進はつきものである。行進とは隊列を整えて進むこと、と辞書にはある。一人で歩くのは行進ではない。大勢の人間が整然と進むためには、ルールを定め、それをきちんと守ることが必要である。

行進における速歩の一歩の幅は、かかとからかかとまで七十五センチ、速度は一分間に百十四歩、と日本陸軍ではきめられていた。團伊玖磨氏が「メトロノーム」というエッセイの中で、

〈日本の軍隊の行進は一分間一一四歩と定められていたので、要するに♩＝M.M114の速さは機械なしにすぐに判り、それが判ればすぐに♩＝114から計算して♩＝120であるとか♩＝100であるとかを記せば事足りたのである〉

と書いている。軍楽隊の鼓手をしていた経験のある團氏は、メトロノームを持ってい

なくても行進曲を作曲するのに不自由しなかった、という打ち明け話なのである。

ただし、軍隊の行進はテンポが合っていただけでは駄目で「勇往邁進の気概を以て」しなければならず、そのためには次のような指導を受ける。

「前へ進め！」の号令で歩き出すのだが、まず、左股を少しあげ、足を前に出して伸ばしながら踏みつけ、同時におおむひかがみを伸ばして、体の重みをこれに移す……といった具合なのだが、私も古参兵から、

「ほら、そこで、ひかがみを伸ばす」

と指導を受けた。古参兵は小学校しか出ていない大工の徒弟で二十一歳であった。同じ二十一歳の、今日の東大生はひかがみという言葉を聞いたこともないという。漢字では「膕」と書くのだと教えても首をかしげるばかりであった。

膝のうしろのくぼんでいるところをいうのだが、「引き屈《かが》み」がつまったものだろうと『大言海』にはある。「よぼろ」ともいう。

合戦の図を見ると、武士たちはみんな臑《すね》当てをしている。向こう脛を守るためだが、この臑当てのうしろの部分にまで金属製の板をはめこんでいる用心深いのもいたらしい。この金属製の板がちょうどひかがみの上にかぶさっていたので「よぼろ板」と言った。別名「臆病板」といわれたくらいだから、そんなに多くは用いられなかったのだろう。

素足

『広辞苑』にも『大辞林』にも〈履物をはかない足〉と説明されているけれど、いま、われわれが普通に使っている用法では『新明解国語辞典』の「足袋・靴下を履かない足」のほうがぴったりする。

下駄を履いていても、足袋や靴下などを履いていなかったらやっぱり「素足」ではないのか。「履物をはかない足」という定義にはひっかかる。

〽辰巳よいとこ素足が歩く

という小唄だか都々逸だかがある。

「辰巳」というのは「深川芸者」のことである。深川が東京の南東に当たることからこのようにいわれた。深川芸者の特徴は羽織を着たことと爪紅をつけた素足で歩いたことだ。

もちろん履物ははいて、である。だから素足のことを「履物をはかない足」と定義づけてしまうのには首をかしげさせられるのだ。

もっとも「衣、帯するに及ばず、跣にして走る」という古い時代の文章もあり、この「跣」を「すあし」と読んだらしいから、大昔は、素足をはだしと同義に使っていたのだろう。

いまのように素足とはだしをきちんと分けるようになったのは日本語の進歩だと思う。「お百度参り」は、足袋もはかず、下駄もはかず、ほんとうに素はだしでする。西洋人にとっては、はだしは見苦しいものかもしれないが、日本人にとっては、素足やはだしは、美しく、また清浄なものなのである。

いまや素足にかわって「生足」の時代になったらしい。平成九年十月八日の朝日新聞に、

〈ナマ足を狙う吸湿パンスト〉

という大きな見出しの記事があった。「生足」の「生」は、「生放送」「生番組」の「生」でナマと読む。テレビ時代の若者にとっては「素」より「生」のほうが実感が持てるのだろう。しかし、旧世代には、ナマと発音すると「生首」とか「生肉」「生臭」などがすぐに思いうかんできて、それこそなまなましすぎる。まして「ナマ足」などとカタカナで書かれると、どんなに若い娘の足でも敬遠したくなる。

それにだいたい「生」の字が頭につく言葉にろくなものはないではないか。「生意気」「生煮え」「生半可」「生兵法」「生白い」「生返事」「生焼き」など、みなそうだ。

玄人はだし

玄人は「くろうと」と読む。アマチュアではなく、プロのことだ。はだしにもいろいろあって、「徒跣《かちはだし》」、「素跣《すはだし》」、「足袋跣足」などが辞書にのっている。いずれも身体の足を指す表現だが、「玄人はだし」だけはそうではない。

一九六〇年のローマ・オリンピックでエチオピアのアベベ選手がはだしで走ってマラソンに優勝し、話題になった。はだしのことを各国の新聞も書いたが、いちばん熱心にとりあげたのが日本のマスコミだ。

もともと、わが国にははだしを良しとする文化があった。明治以来の西欧文化の影響ですっかり靴履きに馴れてしまい、はだしの良さを忘れかけていた私たちに、アベベははだしを思い出させてくれたのだった。

「そうだよ、靴なんかはいて走るより、はだしで走るのが一番速いんだよ」

とあの時、日本人はみんな思い出したのだ。

「楠はだし」「孔明はだし」

などという。

楠は楠正成、孔明は三国時代に活躍した諸葛亮のこと。ともに智略抜群の人として歴史に名を残している。

そんなすぐれた人物でさえ、はだしで逃げ出すほどの英知の人だというのが、「楠はだし」「孔明はだし」である。

はだしは一番速い走り方、ということだ。

「玄人はだし」も同様で、プロもしゃっぽを脱ぐ、という意味なのだ。

蛇足だが、「はだし」は「はだあし」がつまったものだ。「はだあし」は「膚足」である。〈膚足ニテ沓ヲ着ズ、素足ノ膚ヲ直ニ地ニツクルヲ云フ。物履カズ、膚ノママナルコト〉と『大言海』にはある。

アキレス腱

ギリシャ神話の英雄の名前をもらったおかげで、誰でもアキレス腱という名前は知っているが、誤解している人が意外に多い。辞書にも「一番の弱点」と簡略に説明してあるものがあるから、アキレス腱というのはすぐに切れる弱いものだと、たいていの人が思っているようだ。

だが、そうではないのである。

小川鼎三（一九〇一～一九八四）は東大教授、順天堂大教授と歴任し、日本解剖学会理事長もつとめたわが国解剖学の権威だが、

〈アキレス腱は、弱点の意味でしばしば用いられる言葉である。もともとアキレス腱は人体の中で最も強力な腱なのだから、ただの弱点ではなく、甚だ強そうにみえて意外に脆いことのある場合を指すのでなければならない〉（『医学用語の起り』東京書籍）と、世間の常識は医学の非常識だとクレームをつけている。

小川鼎三によれば、「アキレス腱」という名称を医学用語に持ちこんだのはフランドル生まれの解剖学者フェルヘインで、十八世紀はじめのことだ。

この腱の存在は早くから知られてはいたがヒポクラテス以来、ずっとTendo magnus（大きな腱）と呼ばれていた。この腱は五百キロの牽引力に耐えられるくらい強靭なものなのだそうだ。

これも『医学用語の起り』からの孫引きだが、一九一三年に刊行されたパウル・デ・テラという人の解剖学用語を解説した本に、アキレス腱の同意語として「ヘクトル腱」という名称が出ているのだが、その由来はこうだ。

ヘクトルというのは、アキレスがトロヤ戦で戦った敵側の大将で、アキレスと一騎打ちして負かされた男の名だ。ヘクトルを打ち斃したアキレスは、ヘクトルのかかとの腱（つまりアキレス腱だ）に革紐をとおし、それを自分の二輪車に結びつけて、トロヤの城のまわりを何度も走りまわった。敵の大将の死体をひきずりまわすという示威行為だったのだろうが、アキレス腱がヒヨワな腱だったら、すぐにプツンと切れて、死体は二輪車から離れてしまったはず。

示威行為ができたのは、アキレス腱が強いものだった証拠といえよう。

アキレスがかかとの腱を射たれて死ぬのはその後のことだ。

エピソードとしてはヘクトルのほうが先なのだからかかとの腱の異名は「ヘクトル腱」でもいいじゃないか、と小川は言っているが、私も同感だ。

つまずく

漢字では躓という字を当てる。

質は人質、質草の質だ。抵当にとられてどうにもならないもののことをいう。「ふさがりつかえる」のが躓の意味である。

躓は足がなにか障害物につかえてしまった状態をあらわした文字である。

跌とも書くが、失は失敗の失で、足の運びをあやまった、という意味だろう。蹉もつまずくと読むが、差は「くいちがう」意味をあらわす文字だ。足がくいちがうわけで、これも分かる。

日本語の「つまずく」は新仮名づかいで、ほんとうは「つまづく」と書くべきものだろう。「爪突く」である。

中国人は早くから沓を履いたらしい。『魏志倭人伝』に、日本人は「皆徒跣《みなはだし》」とあわれんだような口調で書かれている。

履物を常用するようになってからも、日本の庶民の履物は、草鞋《わらじ》、草履《ぞうり》、下駄などで、足の先をすっぽりくるむものではなかった。

だから歩いていて突起物などにぶつかるとむき出しの爪を突いて痛い思いをした。

「つまづく」はその実感から生れた言葉である。「けつまづく」は「蹴爪突く」である。

つまずくのは石ころや道のデコボコとは限らない。混んでいる往来では他人の足にぶつかることもある。他人の足を踏んでしまうこともある。

他人の足を踏んでそのままにしていると、爪《つま》ン腫《ば》れ（ヒョウソウのこと）になるといい、それを防ぐためには踏んだ相手に、こちらの足を踏みかえしてもらうといい、という言い伝えがある地方がある。

うっかり人の足を踏んだら、

「あ、どうもすみません。ごめんなさい」

とあやまって自分の足をさし出し、どうかこの足を踏んで下さいとお願いする。

これなら喧嘩にもならないだろう。喧嘩どころか、それが縁になって仲よくなることだってあるかもしれない。昔の人の知恵である。

そういえば、「つまずく石も縁の端」ということわざもある。

V

骨・臓器の部

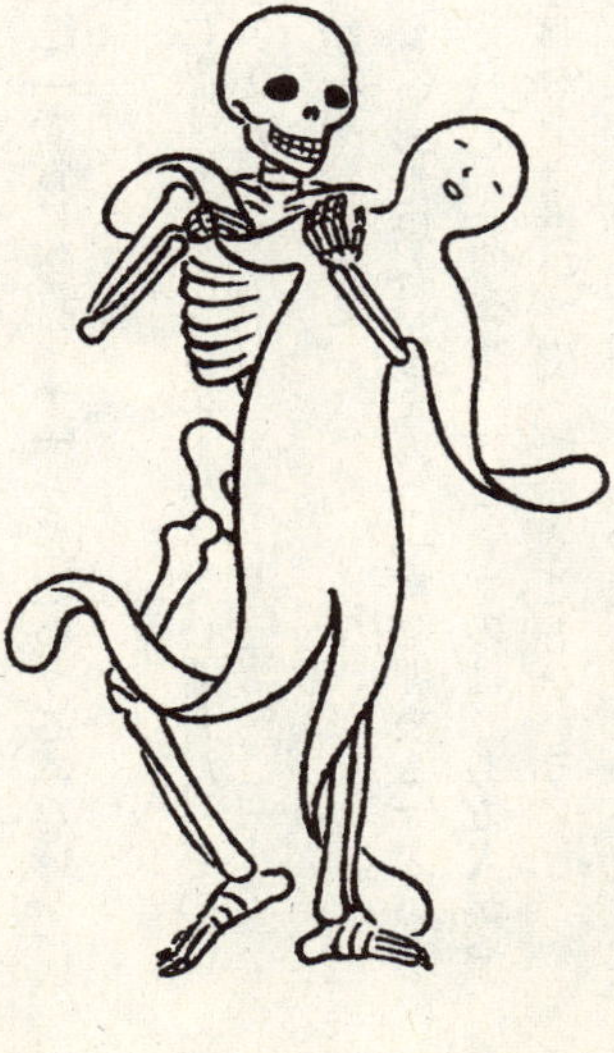

骨抜きにする

こつ

「骨」は英語ではboneだけだが、日本語では「ほね」と読む時と「こつ」といわなければならない場合とがある。

「あ、そうね。『お骨《こつ》』とか『遺骨』とか『納骨』とかいうわね。死んでからが『こつ』で、生きているうちは『ほね』なんでしょ」

と早とちりしないでほしい。「筋骨隆々」「老骨に鞭打って」などというではないか。いずれも生きているうちである。

「骨折」とか、「骨粗鬆症」とか、「骨髄に徹する」というのも生きている骨だ。そのほかにも「骨肉相食む」とか「気骨」なんてのもある。

反対に死んでからのものを「ほね」と読む場合もある。

「異郷に骨を埋める」とか「骨を拾う」といった場合がそうだ。「骨を埋める」というのは死んで焼いて、その骨を埋葬することだし、「骨を拾う」というのは、ある人がやりかけて途中で死んだような時、その仕事を引き継いでやっていくことをいう。

「骨まで愛して」という歌があった。死んで骨になってからも他の女になんか目をくれずに、わたし一人だけを愛しつづけてほしい、と言っているのか、単に、骨髄に徹するほど強く愛してほしいという比喩的表現なのか、どっちなのだろう。

やはり、後者ではないか、と思う。

頭蓋骨、肋骨、鎖骨など、医学用語を別とすれば、生きているうちは「ほね」と読む場合がおおかたのようだ。

「骨抜きにする」「骨惜しみ」「骨っぽい」「骨に沁みる」など、みな「ほね」である。

武骨

いろいろな意味があるが、現在ではほとんど「ごつごつしていて洗練されていないこと」の意味でしか使われていない。〈眉がふとく、瞼が厚く、また顔一面にそばかすがあるのは武骨すぎるが〉（司馬遼太郎『竜馬がゆく』）といったあんばいだ。もともとは「無骨」と書いた。「骨が無い」のは「こちなし」で、「気がきかない。ぶしつけ、無作法」なことである。

「役に立たない」「具合が悪い」なども「ぶこつ」といった。

サーカスの軽業も「ぶこつ」といった。『嬉遊笑覧』に〈無骨とは字義の如く、骨無きやうに軽業などするものにや〉とある。

武骨もそうだが、他にも「骨」ではない「骨」がいくつもある。「気骨」「奇骨」「侠骨」「風骨」などがそうだ。「骨」が人間の品格や性質など精神的な面まであらわす言葉として使われるからだ。「老骨」「俗骨」「凡骨」もそうだろう。「露骨」はちょっと違うか。「骨までさらけだし、あらわにするほど、むきだしなこと」をいうわけで、骨を比喩的に用いた表現だろう。

ものはみ

胃のことである。「はみ」は「噬み」とも「食み」とも書く。歯を動詞化した言葉で〈歯をかみ合わせて、しっかり物をくわえる意。転じて、物を口に入れてのみ下す意〉(『岩波古語辞典』)である。

古い言葉だが、今でも「ろくな仕事もしないで高給を食《は》む天下りの高級官僚」といったふうにわりあいよく用いられる。

こんな意味あいからすれば、「口」のことをいう語であってもいいと思うが、なぜか、胃である。

『大言海』には〈鳥ノ喉ノ中ニ、食物ヲ受ケテ裹《ツツ》ム処ノ名。ヱブクロ〉とある。「ヱブクロ」は「餌袋」だろう。「ヱブクロ」がずれて「イブクロ」になったのかもしれない。なんていうとまるで落語みたいだが、語源を詮索しているとこんな例にしばしばぶつかる。

漢字で胃をイと発音するのは「囲」からきているらしい。「胃は囲なり。食物を囲《かこ》みて受くるなり」で、「囲」の発音がイだから胃もイと読むことになったのだという。

肝を煎る

〈体の内部の名称になると、日本語はさらに貧弱である。日本人は「胃」でも「腸」でも「肺臓」でも「心臓」でもすべてシナ語によって名前を得た。固有の日本名をもつものはキモぐらいなものであろうか〉(『日本語』)

と金田一春彦氏は書いている。

キモのほかにハラワタもそうだろうと思うが、とにかくそれぐらい大昔からキモは日本人になじみの深い内臓であったから、

「肝がすわる」
「肝を冷やす」
「肝をつぶす」
「肝に銘ずる」

等々、肝にちなんだ慣用句は多い。

その中で、「肝を煎る」というのは、ちょっと聞き馴れない言葉かもしれない。

「いらいらして気が休まらない」ことである。

「会へば人知る会はねば肝が煎らるる」と隆達節(江戸初期に流行した小唄)にある。

密会しているところを人に知られてはまずいし、といって会わないでいると落ちつかない、いらいらしてたまらない、と不倫カップルの心境を歌ったものだろう。

鶏の肝をコンニャクなどといっしょに、水気を飛ばして煎り煮する料理がある。肝は鍋の底でピョンピョンはねて、見るからに苦しそうだ、居心地悪そうだ、いまの自分の肝もあんな状態ではなかろうか、と想像したのだろうか。

「肝煎り」というと意味が違ってくる。

「世話を焼いたり、人や仕事を斡旋すること、またする人」のことをいう。

熊本民謡「おてもやん」の一節に、

〽村役　鳶役　肝煎りどん
あん人たちの居らすけんで
あとはどうなとキャアなろたい

という、あの「肝煎り」である。

人の世話を焼くのもなかなか気骨が折れる。うまくいかなくていらいらすることも多いのだろう。やはり肝を煎られるような気持ちになるのかもしれない。

腑が抜ける

「意気地がなくなる、元気がなくなる」ことである。腑が抜けたやつのことを「腑抜けめ」と罵るのは、ついこないだまでの日常語だった。

「腑」は「五臓六腑」の「腑」だ。「五臓」は「心」「肝」「腎」「脾」「肺」の五つ、「六腑」は「大腸」「小腸」「胆」「胃」「三焦」「膀胱」である。

これだけのものが体の中からごそっと抜けてなくなったらそれこそ人体の空洞化現象で意気地も元気もなくなるのは当然だ。

六腑の中では「三焦」というのだけが聞き馴れない。『広辞苑』には〈無形有用〉のもので〈上焦は胸中に、中焦は腹部で臍の上に、下焦は臍の下に位するという〉と説明されているが、この説明ではさっぱり要領を得ない。

「無形」というのは文字通り「形が無い」のか。ならば、形のないものがどうして臍の上や下に位することができるのか。

『東洋医学を知っていますか』(三浦於菟著・新潮選書)には、三焦は西洋医学では認めていない、と書いてある。

「腑」という字の旁《つくり》の「府」は「大阪府」「京都府」などの「府」で「町」の意味だ。

町には多くの人々が集まり、また出て行く。そのように腑には食物や尿などが集まり、出て行く。からだの中の町のような場所だというところから、からだをあらわす月《にくづき》に府をくっつけて腑と書いたのである。

「腑に落ちない」とは「合点がいかない」「納得できない」ことだ。

飯を何杯もおかわりして食べたのに、依然として腹はへっている。胃袋はからっぽみたいだ、あれだけ食べたものが胃の腑へ落ちてこないというのはどういうわけだ、訳が分からんぞ、ということだろう。

ジョッキでビールをたてつづけにあおってすぐにトイレに行きたくなるのは、ビールが膀胱という「腑に落ちる」からである。

腎張り

今は「肝心」と書く人が多くなったが、昔の人は「肝腎」と書いた。古い辞書には「肝心」なんて載っていない。「肝腎かなめ」とも言って、肝と腎は人間の体の中で一番大切なところだ、と昔の人々は思っていたのである。

「肝」は「肝臓」だが「きも」というと内臓を総称する言葉でもあった。そんな「肝」と合わせて「大切」「重要」を意味する言葉に仕立て上げられたのだから「腎」もまた昔の人にはずいぶん重視されていたのだろうと想像がつく。

なぜ、そんなに「腎」を重視したのか。

漢方に「腎虚」という病名がある。読んで字のごとく、腎がからっぽになって、まるで元気がなくなってしまう病気のことだ。漢方では「気」ということをやかましくいうが、腎から発する気「腎気」がなくなるのはもっとも困った状態で、腎虚になるといわゆる「顎で蝿を追う」状態になってしまう。蝿を追うために手をあげることさえできなくなるのだ。

精液のことを「腎水」といったが、これは精液には腎気が満ち満ちていると信じられていたからだ。つまり、腎は男の命であり、宝であった。肝とともに人間のもっとも大事にしなければならないもの、というわけだ。

腎虚になる最大の原因は、房事過度だということになっていた。

入り聟の腎虚はあまり律義すぎ

という江戸川柳がある。

入り聟は種馬のようなもので、一日も早く後継ぎの男児をつくるのがその第一の役目だ。そのためには毎晩せっせとそのことに励まなければならない。律義者の入り聟はあまりにも励みすぎて、とうとう腎虚になってしまった、という句である。

情なくも哀れな話だが、世の中には、弱者もいれば強者もいる。腎虚の反対の強い男が「腎張り」である。

じんばりはおっとせい程つれ歩き

これも江戸川柳である。オットセイは一夫多妻のチャンピオンとでもいうべき海獣で、強いオスは一頭で二百頭、三百頭のメスを従える。そのオットセイなみに数多くの女を愛人にして、しかも腎虚にもならず、元気でいるあいつの腎はさぞかしふつうの男の何倍も張りつめていることだろうな、と羨んでいるのであろう。

腎張りの「張り」は「浴槽に水をいっぱいに張る」という時の「張り」だろうか。「腎張り」の男の腎には腎水がいっぱいに張っているのだろう。

毛の末

毛は細いもの、わずかなものの代表である。「毛ほどの隙もない」という。単位名でも長さでは一寸の千分の一、重さでは一匁の千分の一、金銭では一銭の百分の一という小さな単位である。

それでも毛といっただけではまだその小ささ、わずかさを言い切れていない、と不満に思う人がいるのだろう。「毛の末」ほども、というふうに用いる。「毛の末ほども嘘いつわりは申しておりません」などという。漢語では「毫毛」というのがある。動物の秋に生え変わったばかりの細い毛を毫という。念を入れて秋毫ともいうが、その細い毛の先端が毫毛である。微小、僅少なるもののたとえである。

たしかに、毛も根元よりは先端のほうが細いが、どれくらいの違いがあるのだろうか。

一口に毛といっても、生えている場所によって長さも太さも、さらに形状も違うだろう。頭髪と睫毛とでは違うだろうし、恥毛と脛毛とでも違うだろう。また年齢によっても違う。加齢によってどのように毛の太さが変化するか、という研究もあって、生後三カ月以内は平均値が四十ミクロンぐらいであるのに、二十歳になると約二倍の八十ミクロン近くに達するとのことだ。一ミクロンは千分の一ミリだから、成人の毛の太さは直径百分の八ミリということか。思ったより細いものだ。

人種によっても違う。モンゴロイドの毛髪が一番太く、直径は十分の一ミリよりすこし太めぐらいである。ニグロイドはそれより細く、コーカソイド（白色人種）はさらに細い。毛の種類によって毛根固着力も違うが、概していえば、太い毛のほうが毛根固着力は強い。細い毛は抜けやすく、そのためコーカソイドには禿が多い。

反対にアメリカ・インディアンの男性には禿はいない。日本人はモンゴロイドなのに、近年、禿頭が多く見られるのは「脱亜入欧」に励んだせいだろうか。

毛を切った断面は楕円形をしている。その短径を長径で割って百倍した数値を毛径指数という。頭髪の毛径指数は八〇から八五、恥毛のそれは五〇から五五だそうだ。

毛の末でも、白人の、女性の、恥毛の末、とまで指定すれば微小さがさらに強調されるのではないか。

鳥肌が立つ

長野の冬季オリンピックで日本勢は大活躍したが、日本選手で最初に金メダルを手にしたのはスピードスケート男子五百メートルの清水宏保選手だった。このニュースはもちろん翌日の各新聞で大きく報道されたが、読売新聞（平成十年二月十一日付）は、〈鳥肌たった・すごい人〉

という四段見出しで、一般大衆の清水選手に対する称賛の言葉を集めて報道した。〈「勝った瞬間は鳥肌がたった」と語ったのは、自宅でテレビを見た後、銀座に来たという東京都中央区の高校生〉

と本文にある。見出しはこの高校生の言葉から採ったものだろう。

〈寒さや恐ろしさ、あるいは不快感などのために、皮膚の毛穴が縮まって、鳥の毛をむしったあとのようにぶつぶつが出る現象〉が「鳥肌」なのだ、と『大辞林』は説明している。他の辞書でもみな同じだ。

「寒さ」「恐ろしさ」「不快感」など、悪い状態の時におこる現象であって、日本選手が金メダルをとって大喜び、大感激の時に、鳥肌が立っては困るのである。

だが、ここ数年、「鳥肌が立つ」という表現は、喜びや感激をあらわすものとして使われるようになってきた。

誰が、いつ、こんな間違った言いかたをはじめたのか、と眉をしかめてももう遅いようだ。高校生ばかりではない。平成九年五月三日の朝日新聞には、こんな記事がある。

この日は新憲法が施行されてからちょうど五十年に当たるので、朝日新聞ではいろんな人の声を集めて特集したのだが、その中で、町田中央学院大法学部長という肩書の大久保皓生さんの談話として、

〈中でも前文の最終部分「日本国民は、（中略）全力をあげてこの崇高な理想と目的を達成することを誓う」という個所には鳥肌が立つ思いをしたことを、今も鮮明に覚えています〉

というのが載っていた。大久保さんは五十八歳の人である。それでも「鳥肌が立つ」をこのような形で使ってしまう。

私も二年ほど前だが、NHKのラジオである著名な女性文化人と対談した時、

「いまのお話ですけど、ほんとうに感激いたしますわね。鳥肌が立つ思いですわ」

といわれてがっくりしたことがある。この女性も六十歳に近い年配だった。

参考までに「鳥肌が立つ」の正しい使いかたを紹介しておこう。

井上ひさし氏の『ニホン語日記』に「創氏改名」という章がある。

創氏改名というのは、日本が植民地支配のため、朝鮮人に日本式の姓名への改名を強制した政策のことで、韓国や北朝鮮の人々にとっては不愉快きわまりない歴史的事実の

一つであろう。韓国の高校の教科書にはもちろんこの創氏改名について弾劾的記述がある。

これに対して日本の高校歴史教科書は、過去の悪事は避けて通ろうとする気持ちからかまるで触れていないものが多い。

この違いを指摘して、井上氏は、

〈こうした歴史的事実をしっかり習った韓国青年と、そういったことをまったく知らない日本人青年とが会う光景を想像すると鳥肌が立つ〉

と書いているのである。

これが正しい使いかたである。「鳥肌が立つ」というのは「恐ろしい」と言い替えるのが適切な言葉なのである。

平和憲法に感激して鳥肌を立てては困るのだ。

だが、こんなにも急速に間違った使いかたが広まったのにはもちろん理由があるだろう。「鳥肌が立つ」とは「総毛立つ」「肌に粟が生ずる」などと同じ意味だと辞書には書いてある。「総毛立つ」とは「身の毛がよだつ」ことと同義である。要するに寒冷のような生理的刺戟または恐怖などの心理的刺戟によって皮膚の表面にざらざらが生ずる。これを「肌に粟が生ずる」とか「身の毛がよだつ」とか言いならわしていたのだが、実は皮膚にこんな現象が生ずるのは恐怖や強い心配の時ばかりではない。

「身ぶるい」という言葉がある。〈寒さ・恐怖・感動などのために身体が自然とふるえること〉（『大辞林』）である。

「鳥肌」のところでは「寒さ」「恐ろしさ」「不快感」が並んでいたが、ここではもう一つ「感動」がいっしょに並んでいるではないか。「恐怖」と「感動」ではマイナス記号とプラス記号のようなもので、まるで違うようだが、強烈な感情的刺戟という意味では同じであって、大きな感動も、大きな恐怖も、同じように人を身ぶるいさせるものなのだ。

それと同様に、恐怖に劣らず感動もまた人の肌に粟を生ぜしめるのである。

昔の人々の生活は苦しく、みじめで、お化けもいたし、辻斬りもいたし、人さらいもあったし、恐ろしいもの、おびやかされるものには事欠かなかった。そのたびに人々は鳥肌を立たせた。総毛立たせられた。

だから「鳥肌が立つ」ことと恐ろしいこととを結びつけてしまったのだ。

たまに感動することがあり、その時に鳥肌が立ったことを自覚しても、それは恐怖の時の皮膚の変化とはまったく違うものとして、特にそれに表現を与えなかったのだろう。

今の若い人は違う。

こわいもの知らずであるし、実際にこわい目になんかめったにあわない。そのかわり、感激的シーンにはしばしばめぐりあう。しあわせな連中なのである。

こういう若い人たちが「鳥肌が立つ」という言葉を（意味は分からず、言葉だけを、だ）なにかの機会で知ったとする。彼は感動した時に、身体が自然にふるえたことを思い出し、「ああ、あれか、あれが鳥肌立つ、ということなんだな」と勝手に納得してしまう。

そして、同じような経験を再びした時に、

「おれは鳥肌立ったぞ」

と仲間にむかって叫ぶ。同じように不勉強で辞書など引いたこともない仲間たちも、その言葉に共感し、あっという間に、「鳥肌が立つ」という言葉は感動の表現としてひろまっていった——こういう次第だろうと思う。

「お前」や「貴様」はもともとは相手に対する尊敬の言葉だった、ののしり言葉として使うのはおかしい、と今さら言っても仕方ないように、「鳥肌立つ」ももうあと戻りはしないのではないか。

辞書に「感動した時の現象でもある」と書かれる日も遠くないような気がする。

小便する

ちゃんと契約したあとになって、売り手にしろ、買い手にしろ、どっちか一方がまったく勝手に契約を破棄してしまうことを俗に「小便する」という。

名実ともにきたない行為だから、呼びかたも「ショウベンする」というよりは下品に「ションベンする」ということのほうが多い。

こういう隠語というか、俗語というか、ふだん口にしない言葉には意外におもしろい由来を持っているものが多いが、これもその一つだ。

小便をして逃げるのは妾と蝉

ここで三両かしこで五両とつてたれ

小便を忌めばきりようがどつとせず

などの江戸川柳がある。明和安永のころに流行した「小便組」を題材にした句である。

日本で「妾制度」が法的にはっきり否定されたのは、明治十五年に施行された旧刑法によってであって、それまでは妾の存在は公認されていた。本妻とほとんど同じくらいの権威、権力を持っていた時代さえあった。

江戸時代には「妾奉公」という言葉もできたくらいで、妾の地位はぐうんと下がったが、それは妾の品質も低下したからであって、当然のことだった。

どれくらい妾の程度が悪くなったかを如実にあらわしたのが、前掲の川柳である。若くてきれいな妾だと、ダンナもコトをすませたからといってさっさと本宅へ帰るようなことはしない。一晩、しっぽりと添い寝して、翌日、きぬぎぬの別れをすることになる。


現代では本妻がおそろしいからどんなに威張ってる男でも愛人宅に泊まることはめったにないが、江戸時代はダンナは妾宅に泊まるのが普通だった。

ところが、いい気分で眠っていると、つめたいものが裾にしみてくる。

「おや?」と目をさますと、蒲団がぐっしょり。隣に寝ている妾がなんと寝小便をしているではないか。

「これこれ、起きなさい」

と妾を起こして寝巻を着替えさせるやら、蒲団を片づけるやら、大騒ぎになる。

妾は泣いてあやまるのだが、その次に泊まった晩も、やはり同じように寝小便騒ぎ。

詰問すると、子供の時からの夜尿症がなかなかおらず苦労しているのだという。

それは気の毒と同情はするが、といってそんな女をいくら美人だからといって妾にしておくわけにはいかないから暇を出す。

妾にする時にかなりの大金を親元に渡した上に、暇を出す時にはまたある程度、まとまった金を出さなければならないから、ダンナとしては大損である。

ところが、この話には裏がある。

夜尿症がなおらぬ、というのは真っ赤な嘘で、妾は暇をもらうためにわざと小便を垂らしたのである。

そして首尾よく手切金をせしめれば、また次のダンナをみつけ、そこでも小便してまた手切金をとる。それが「ここで三両かしこで五両」なのである。

そんなうまい手があったのか、と妾稼業の女たちの間では寝小便をして暇をもらうことが大流行した。

そして、そういうタチの悪い妾たちのことを巷の人々は「小便組」と呼びならわした。

ダンナのほうも懲りて、新しく妾を雇う時には、用心深く、

「お前はまさか寝小便はしないだろうな」

と念を押した。「はい、絶対にしません」という妾もいたことはいたが、そういうのはきりょうが今一つで「どっとせず」ということになったのだ。

大金をとるだけとって、その上、ダンナに小便をひっかけて逃げていくとは、ひどい話だが、このことから契約を勝手に破棄することを「小便する」というようになったのである。

VI

陰の部

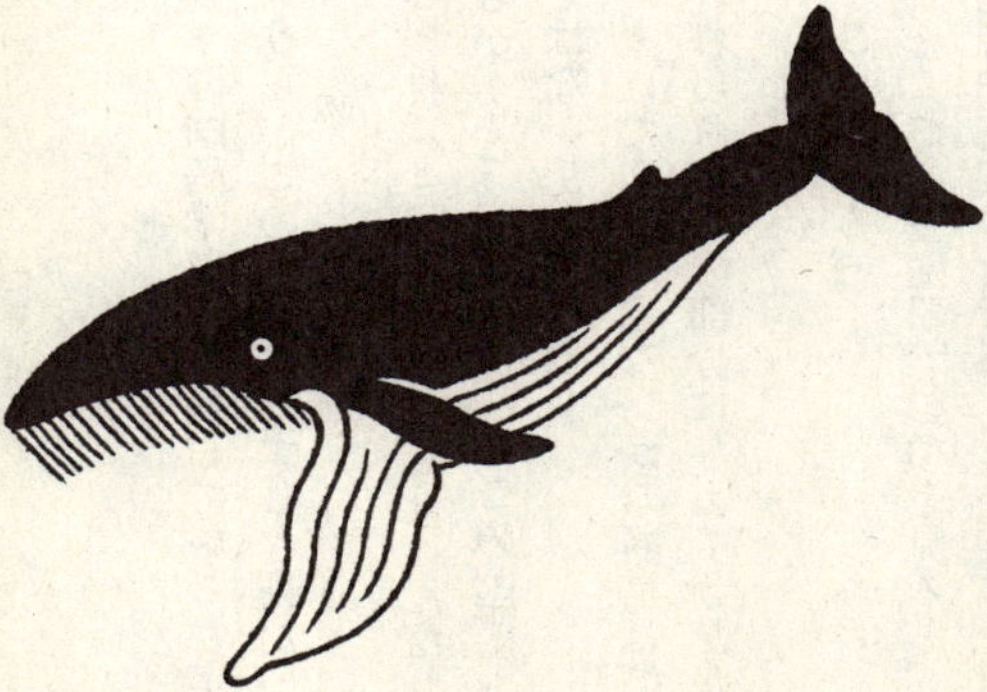

顎のはずれた鯨

閈

身体に関する語彙が貧弱なのは日本語の特徴だと多くの国語学者が指摘している。実際にその通りだが、身体のある特定の場所に限っていうと、この指摘は必ずしも当たっていないのではないかと思われる。

それは男女ともに「性器」についてである。性器の異称（といっても、正称はなんだ、なにを根拠に正称だときめるのか、と開き直られると困るが……）や俗称は、どこの国でも決して少なくないものだが、日本はとりわけ多いのではないかと思う。

これだって世界各国の性器の異称をことごとく調べ上げたわけではないから断言はできかねるが、とにかく、どんなにさまざまな名前をわれわれはあの部分に与えてきたか、眺めてみよう。

まず〝国民的辞書〟である『広辞苑』で「性器」をひいてみる。

〈生殖器に同じ。普通には外生殖器をいう〉とある。そこで「生殖器」の項を見ると、〈生殖巣（精巣・卵巣）およびそれに付随する生殖輸管や交接器など〉とある。これでは私が（あるいは一般の日本人が）頭に描いている「性器」とはすこしズレがある。

私がここでとりあげようと思っているのは「普通には外生殖器という」とあるところの「外生殖器」もしくは「交接器」である。

で、「外生殖器」と「交接器」を探してみたのだが、これがない。不都合な話ではないか。〝国民的辞書〟の名に背くというものだ。

念のために他の辞書に当たってみると『大辞林』にはちゃんとあった。「外性器」の項で〈外部にあらわれている性器。男性では陰茎・陰嚢、女性では陰唇（大陰唇・小陰唇）・陰核・膣前庭など。外部生殖器。外陰部〉と記されてあった。

これである。この「外性器」に対して、わが日本語は実におびただしい名称を与えているのである。

この国で外生殖器の存在を自覚した最初の人、いや、神様は伊弉諾尊《いざなぎのみこと》と伊弉冉尊《いざなみのみこと》であるのは周知のとおり。

女神の伊弉冉が男神の伊弉諾にむかって、「吾が身は、成り成りて成り合わざる処《ところ》一処《ひとところ》あり」といったら伊弉諾は即座に、自分のほうには「成り成りて成り余れる処」がある、ちょうどいいから両方を合わせてみようではないか、といって合体する運びになった、と『古事記』に書いてある。

「出っぱったところ」と「へこんだところ」の場所は発見したけれど、そこをなんと呼ぶかという命名の知恵まではまだ出なかったらしい。

「成り余れる処」のネーミングで、最も古く、かつ広く知られているのは、やはり「まら」であろうか。今では「魔羅」という漢字をあてるが『日本霊異記』には「閛」という字で「まら」と読ませている。

〈にはかに閛に蟻着きて嚙み、痛み死にき〉

という叙述がある。夫の留守中に女房がお寺に説教を聞きに行った。帰宅した夫は女房を呼びに寺にやってきたが、

「やい坊主。うまいことを言って女房を寺へひっぱりこんでどうするつもりだ。おれの女房とやったんじゃねえか」

とさんざん僧を罵って、女房を連れ帰った。

そして、すぐに女房を押し倒し、いやがる女房に無理矢理挿入したが、

「あ痛テテテ」

とすぐに飛び離れた。女房のあの中に蟻がいて、夫の一物に嚙みついたのだ。急所を嚙まれて男は死んだ。仏罰が当たったのである。

閛はもちろん、「門」（女陰）の中に入ってゆく牛のようなもの、との心であろう。

茶柱

中野栄三著『陰名語彙』は有名だが、他にも性器の呼称について書かれた本は何冊かある。中には竜王山人という人の『桃源華洞』のように、男性器については触れず、女陰についてのみ書かれた本さえあるらしい（私は実物を見ていないが……）。性器の異称がどんなに多いかという証拠だろう。

千はゆうに超えるはず、といわれているが、その中から風変わりなものをいくつか挙げてみよう。

「天礼菟久」。てれつく、と読む。平賀源内の『痿陰隠逸伝《なえまらいんいつでん》』に〈其の名を魔羅と呼び、号を天礼菟久と称し、また作蔵と異名す〉という一節がある。天礼菟久は「てれつく」の音に漢字を当てたものだろう。「てれつく」は太鼓の囃子の音である。女性のそれを太鼓に見立て、それを打つ撥《ばち》に男性器を見なしたのだろうか。テレツクテンテンと鳴りひびく太鼓にも負けぬくらいの大きな声を女性に出させるほどの逸物だとの意味か。

平賀源内は日本のレオナルド・ダ・ヴィンチといわれる多才な人で、物産学に通じ、戯作もすれば油絵も描いた。発電装置をつくるなど科学にも関心が強かった。最後は殺人の罪に問われて獄死するという劇的な人生を送った人だった。

「御利生」。「利生」は「利益衆生」の略。多くの人々に「ご利益《りやく》」をもたらすもののこと。多くの女性たちに喜びを与える貴重なものだ、と自讃しているのだろう。「ごりしょう」と読むのだが、『春色入船帳』には「御利生」と書いて「へのこ」とルビがふってある。

「破勢」。平安後期の漢詩文集『本朝文粋』の中に、

〈人となり勇悍、能く権勢の朱門を破る。天下号《なづ》けて破勢と云ふ〉

というふうに出てくる。擬人的にペニスのことを書いているのだが「朱門」はもちろん女陰のことだ。破勢の読みは「はせ」である。

「茶柱」。茶柱は立っとめでたい。男根も同じである、という語呂あわせだけでいうのではない。そもそも「茶」が女陰の異称なのである。

　十三と十六ただの年でなし

という江戸川柳がある。昔は女子は十三歳で初潮があり、十六歳で陰毛が生えはじめるのが普通とされた。

　十六の春から稗をまいたよう

という句もその言い伝えを下敷きにしたものだ。

　十六で娘は文福茶釜なり

も同様だが、ここで文福茶釜が出てくるのは「文福茶釜に毛が生えた」という茂林寺

の化け茶釜の伝説を踏まえているのである。

茶壺や茶釜は、その形状から女陰にたとえられたが、その延長で単に「茶」だけでも女陰を意味するようになった。

茶（女陰）の中で立つのが茶柱、ということで、茶柱がペニスの異称になったのである。

ほと

『大辞林』には「ほと【陰】」の語釈に、

〈女性の陰部。女陰〉

としか書かれていない。挙げられている用例も『古事記』の〈此の子を生みしに因りて、み陰炙《や》かえて、病み臥《こや》せり〉であって、この「ほと」は女陰である。

これを見て私が首をひねったのは、斎藤茂吉の、

ミュンヘンにわれをりし時小夜ふけて
　ほとの白毛を切りて棄てにき

という歌を覚えていたからだ。

斎藤茂吉は大正十年秋、文部省在外研究員としてヨーロッパに留学し、ドイツ、オーストリアなどに滞在して三年余りを過ごすが、この間に詠まれたものだ。

年齢は四十代になったばかり。現在なら元気ざかりの年頃といえようが、大正時代では四十歳は初老だ。しかも異国の一人暮らしで、夜中になにもすることなく、陰毛に白毛のまじったのを発見してびっくりしている茂吉の様子がうかがわれて面白い歌だ。

ここで詠まれている「ほと」はもちろん自分のものだから男性の陰部である。

中島利一郎著『卑語考』にも、

〈ほと――とは男子の陰茎、女子の陰戸を通じて云。ほは火也。陽気の発生する処なり。とは戸也〉

とある。

もっとも『大言海』には〈女ノ陰部。崇メテ、みほと。又、ホトドコロ〉とあるから、『大辞林』はこれに拠ったのだろうか。『広辞苑』は〈女の陰部。女陰〉とはしながらもそれにつづけて〈一説に、男についてもいう〉と補足している。どんな「一説」なのか、くわしく知りたい。

顎のはずれた鯨

性器の異名は〝世相の鏡〟だといえる。どんな異名がつくられ、用いられるか、などを調べればその時代相がおのずから分かってくる。

アメリカのスラングでは女性器のことを「カヌー」(canoe) という。中世のラテン語でも「舟」(navis) は女性器のことだった。

舟を女性器にたとえるのは世界共通のことだろうが、戦争中の日本は女性のことを「軍艦」といった。

「赤ちゃん、生まれたんだって」

「うん。また軍艦なんだよ」

といったあんばいで、女の子が生まれると肩身の狭い思いをした。男の子は「大砲」だ。

今はそんな表現をする日本人は一人もいないだろう。

「白髪三千丈」という中国人の誇張を日本人は笑うけれども、性器に関しては、日本人の誇張ぶりもかなりのものだ。

「太平洋に牛蒡」という。「太平洋」は広開のことで、牛蒡はちっちゃいペニスのことをいうのだが、この言葉をアメリカ人が聞いたらびっくりするにちがいない。
アメリカでは広開のことを「顎のはずれた鯨」(whale with a broken jaw) という。愉快な形容で実感(?)がある。鯨のあのでっかい口に太刀打ちできる男はいないだろう。

だが、大きさからいえば、鯨の口は太平洋とはくらべるべくもない。「太平洋に牛蒡」とはよくも言ったものだ。

日本は島国で四面海にかこまれているが、国民の眼はもっぱら太平洋のほうを向いていた。「日米戦わば」というような小説がベストセラーになったような時期もあり、必ずしもいい意味でばかりではなかったが、日本人の海への関心といえば太平洋だった。それが「太平洋に牛蒡」というような言葉を生んだのだろう。

欧米の食物が日常の食卓にふんだんに出てくる現在の日本では「ソーセージ」がペニスの異名となっていることを知らない人はまずいないだろう。

日本で「ウインナ・ソーセージ」といえば、短小のペニスを軽蔑していう言葉なのだが、これが本場のオーストリアはもちろん、アメリカでもイギリスでも通じない。

ウイーンでつくられているソーセージは、仔牛の肉を混ぜるのが特徴なのであって、別段形は小さくない。小型のソーセージをウインナ・ソーセージと称して売っているのは世界中で日本だけなのである。なぜそんな事態が起こったのかは分からない。

ナスビが下りる

アメリカで開発されたコルポペリネオメーターという機械がある。日本語に訳すと「膣圧計」だ。

膣圧などというと、すぐに目尻を下げて、シマリがいいの悪いのと言い出す男が多いが、膣圧計はそんなおもしろい話のためにのみ開発されたのではない。もっと深刻なテーマがからんでいる。

日本や欧米では女が子どもを生むのをいやがるようになり、少子化現象が社会問題化しているが、アフリカやアジアの途上国では依然として多産傾向が顕著であり、そのための医療問題が起こっている。母子健康の指導のためにバングラデシュに招かれた日本の産婦人科医が驚いたのは、この国の婦人科の入院患者の大半が子宮脱で手術の順番待ちをしている人たちだったことだ。

子どもをたくさん生むと骨盤のまわりの筋肉がゆるんでくる。そうすると、当然、その筋肉で支えられていた子宮や膣が重力の法則によって下へさがってくる。

『からだの数学小事典』（朝日新聞科学部編）には、

〈まず膣がぶら下ってくる膣下垂、そのうちに子宮全体がすぽっと落ちて、しりの下に

ナスビをぶら下げたようになる子宮脱。こうなると、歩くこともできない。昔はこれを「ナスビが下りる」といった〉

と記されている。中野栄三著『陰名語彙』には、

〈茄子【なす】

女陰の一称で「茄子開」のこと。これは子宮脱の異状陰で甚だ不品開とされている。

どう見ても茄子は女の皮かぶり

『春色忍ケ岡』には——陰挺（いんてい）俗になすびつびという——とあるが、『枕文庫』では五不女の条に——角とは陰中にものありて鹿の角のごとし、陰挺ともいう——とて、やや別義の解を載せている。『茄子』は一般には子宮脱出陰にいわれている〉

とある。子宮が体の外に飛び出すだなんて、思っただけでも大変だ。子どもをたくさん生んで苦労した上に、そんな災難まで背負いこむのでは気の毒としかいいようがない。

少子化の進んだ日本でも、子宮脱の手術はまだ、けっこうあるのだという。アメリカでも同様で、膣圧計はこういう悲劇を未然に防ごうという目的で開発されたものだ。

膣は粘膜だと思いこんでいる男も多いが、あれも筋肉なのである。筋肉だから鍛えれば強くなる。膣圧計で測定して、膣の筋肉のゆるみ具合がひどいと分かったらそれを強くする体操をすれば、子宮脱の予防になる。

会陰体操というのだそうだが、子どもを産んだらそういう体操もして、ナスビが下りてくるのを防がなくてはならない。女は大変なのだ。

陰名一行考

青大将《あおだいしょう》 蛇を男陰に見立てるのはよくあること。他に「うわばみ」「おろち」など。

赤貝《あかがい》 女陰は貝に見立てられる。幼い女児は蜆《しじみ》。若い女性は蛤。赤貝は年増女だ。

赤団子《あかだんご》 もとは生理の時に用いた詰め紙のことだが、生理時の女陰そのものもいう。

赤通鼻《あかつび》 「つび」は女陰の古称。赤は未熟をあらわし、あかつびは若い女性のそれ。

赤鍋《あかなべ》 鍋はすぐ煮立つので、すぐ発情する多情な女性のこと、またその女陰のこと。

赤門《あかもん》 「朱門」「赤口」「赤穴」などともいう。俗謡に〈生まれ故郷の赤門さして……〉

あけび 六センチほどの楕円形の実がなるが、縦に二つに裂けて果肉が見える姿が女陰に似る。

足《あし》 男性器。「前足」とも「中足」ともいう。女をだます男のを「悪足《わるあし》」とも。

あそこ 〈あそこに、まで。あたしの、大きすぎる、あそこの中に〉宇能鴻一郎『むすんでひらいて』

愛宕山《あたごやま》 女陰。京都市の西北方にある愛宕山は猪が出るので有名。猪《しし》を尿《しし》としゃれて。

頭《あたま》 亀頭。ほかに「一つ目小僧」「目無し坊」「坊主」「ずくにゅう」などの呼称も。

穴熊《あなぐま》 女陰を「穴」と呼ぶのは一般的だが、特に陰毛の濃いのを穴熊という。

穴鉢《あなばち》 福知山音頭〽蝶よ花よとそだてたむすめ穴鉢や他人の手にかかる。穴も鉢も女陰の異称。

新《あら》 処女の女陰をいう。未使用であっても童貞の男根のことは「あら」とは呼ばない。

新鉢《あらばち》 未通女《むすめ》の女陰。新鉢には椿がよいわいな、という都々逸は椿を唾《つばき》にかけたもの。

あれ 津軽じょんから節に〽死ねばあの世で使えぬものをアネコこちゃ来てあれ出せどうだば。

合《あ》**わせ目**《め》 臀裂のこと。〈ふとももの内側の尻の合せ目に川島は指を〉と阿部牧郎の小説に。

板舐《いたなめ》 特に長大な男根をいう。銭湯の流し場で腰かけてなお先端が床をなめるほどの。

一黒《いちくろ》 男根の序列。「一黒二赤三白」といって、最上等のものとされる。

鯔《いな》**の臍**《へそ》 子宮。膣の奥を指でさぐってみればその感触がそっくりだと分かる。

芋田楽《いもでんがく》 嫁と舅、聟と姑など義理ではあっても親子の性関係をいう。

因果《いんが》**骨**《ぼね》 骨のないことぐらいは昔でも分かっていただろうが、あの堅さを骨に見立てた。

陰器《いんき》 陰部の陰と性器の器を合わせたもので語感は悪いが『解体新書』に「陰器篇」がある。

陰三角《いんさんかく》 女陰。「菱形」ともいう。男陰は「陽三角」である。また「例三角」とも。

淫水焼《いんすいや》**け** 色素が沈着して黒ずんだ小陰唇。性経験が多くなるほど黒くなるというが？

陰阜《いんぷ》 阜は大きな台地をあらわす文字。大きい、肥えるの意味もある。俗にいう「土手」だ。

陰部《いんぶ》 『大辞林』には「外陰部。局部。かくしどころ。恥部」とある。これで納得できる。

陰毛《いんもう》「しものけ。ヘア」と説明している辞書もある。ヘアにはちがいないけれど……。

ヴァギナ（Vagina）膣のことだが、アイスクリームのヴァニラと同じく元は鞘の意味。

靫《うつぼ》 うつぼは矢を入れて腰に背負う器具だが、矢が雨に濡れぬよう毛皮をつけた。男根。

馬《うま》 特に巨大な男根をいう。「馬並《な》み」とも「馬之介」とも。道鏡の幼名たしか馬之介。

上反《うわぞ》り 勃起した男根。「尺八反り」ともいう。上反りは値が張りますと小間物屋。

上付《うわつ》き 陰裂が前方に近いもので、正対して交わるに容易。上等の女陰とされる。

越前《えちぜん》 包茎の異称。越前の領主福井侯の槍は熊の毛皮の鞘をかぶせてあったことから。

得手《えて》 本来は「得意とするところ」の意だが、陰語では性器を指す。「得手吉」とも。

鰓《えら》 女陰。えらを抜く手先にさわる鰌の臍。えらの間に指をさしいれる感触が似ている。

沖《おき》の石《いし》 沖の石の人こそ知らねかわく間もなし。濡れっぱなしの若い女のあそこ。

奥《おく》の院《いん》 拝殿があり本堂があり、さらにその奥にあるのが奥の院で、到達するのに困難。

お黒《くろ》もの 多毛の女陰は印象が強いとみえて異称が多い。これもその一つ。

海髪《おご》 これも多毛の女陰。おごは刺身のつまなどに用いる海草の一種。

お香箱《こうばこ》「お箱」は女陰一般の異称だが、特に高貴な婦人のそれは「お香箱」と。

小田原《おだわら》 男根。小田原提灯は使わない時は折りたたみ、使用時は長くのばすから。

お茶っぴい 一般にはおしゃべりで茶目な少女のことをいうが、秘語としては早熟な少女のこと。

お猪口《ちょこ》 口は広く開いていて、しかも底が浅い。いたってお粗末な女陰をいう。

男《おとこ》のもの 〈島岡をあおむけにして男のものへ顔を伏せてくる〉阿部牧郎『海老の眼』

斧疵《おのきず》 「斧」は男根の異名だが、斧で真二つに割れめをつけられた斧疵つまり女陰。

お化け あれほど好きなものなのにお化けとはひどいが、はじめて女陰を見た時の実感はそうか。

おはこ 大事な物を納めるから「お箱」。また一番得意なものだから十八番(おはこ)とも。

男端《おはし》 男の突端、すなわち男根のこと。男の切れっ端を持つ長局。これは張り形だろう。

おまんこ この四文字が普通の辞書にはじめて載ったのは昭和六十三年十一月発行の三省堂の『大辞林』。

おめこ 関東では「おまんこ」だが、関西では「おめこ」。「御牝戸」の漢字をあてる。

オメコ 奈良の東大寺法華堂にある大黒天は「オメコ大黒」と呼ばれる。女握りをしているから。

表門《おもてもん》 女陰。「裏門」(肛門)に対していう。弘法は裏、親鸞は表門。

女の部分《おんなぶぶん》 〈徳永は鮨屋の個室で幾子の乳房やあの女の部分に〉川上宗薫『風のような女』

開 カイともボボとも読む。ともに女陰のこと。性交を指すこともある。昔は閖とも書いたらしい。

貝《かい》 貝が女陰のシンボルなのは世界共通。欧米では特にオイスターが愛用される。

外陰部《がいいんぶ》 外性器に同じ。

外性器《がいせいき》 女性では大陰唇、小陰唇、陰核、膣前庭など。

傘袋《かさぶくろ》 女陰。傘をしまっておく時に用いる袋で紙または布製。「柄袋《つかぶくろ》」というのも。

貸家《かしや》 スコットランドでは未亡人のアレを貸家と呼ぶ。日本の空家より入居者を求める意思が明白。

花心《かしん》 中国語で子宮のこと。陰核で性感を得るのは若い未熟な女で、花心の性感こそ本物。

数《かず》の子天井《こてんじょう》 膣壁の上部に深いシワがあり、抽送の際亀頭に強い摩擦感をもたらす。

家族の宝 (the family jewels) 睾丸 (testis) のことだ。もちろん、父親の、であろう。

門口《かどぐち》 門口で医者と親子が待っている。探春と注のついた川柳。医者は薬指のことだ。

蟹《かに》 女陰。鋏ではさむのが蟹の特徴。遊女の隠語に「きょうは何人はさんだ」という。

蟇《がま》 女陰。男根を蛇という。蟇は蛇を呑みこむものだから。置炬燵蟇とおろちの睨みあい。

亀《かめ》 男根。張形の異称にも用いられるが「亀の首から水の出る気味のよさ」はやはり本物。

がも 秋田方言で性器。〽おらえの姉ちゃと隣りの兄ちゃと囲炉裏でガモあぶり。秋田音頭。

唐傘《からかさ》 特に亀頭部分の大きい先太の男根をいう。傘爺いという時はつぼめた傘だ。

烏貝《からすがい》 色は黒いし、味わい可ならず、で老女の女陰をいう。「烏貝」も同じ。

体《からだ》 〈立った姿のまま体に指を入れられた美根子が上擦った声を上げた〉加堂秀三『咬み傷』

雁《かり》 亀頭頸冠部の俗称。「紫《し》色雁高《しきがんこう》」はすぐれたる男根。雁首《かりくび》をガンクビと読めば煙管だ。

皮冠《かわかぶ》り 包茎の俗称。殊勝気に見ゆる出家の皮かぶり。坊さんが紫色雁高ではね。

かわらけ　南方熊楠説では「河原毛駒」の略、まばらな毛のはえた女陰で無毛ではないというが。

甘草仏《かんぞうまら》　甘草は薬草だが、甘くておいしい。味がよく効きめも強い一物との意だ。

かんぬき　恥骨がずり下がって陰門を塞ぎ、挿入に困難を感ずる不都合な女陰。鎖陰ほどでは。

鶏巴《きいは》　平賀源内の『痿陰隠逸伝《なえまらいんいつでん》』に男根の異称が列挙してあるが、その一つ。

疵《きず》　陰裂。割れ目のこと。鎖陰だったという小野小町を諷して、玉に疵ないのが小町玉に疵。

傷口《きずぐち》　英国でも女陰のことを wound といった。槍（lance＝男根）で突かれるから。

吉舌《きちぜつ》　クリトリスのこと。「玉舌」ともいう。陰核は豆ともいうが舌のほうが生々しい。

亀頭《きとう》　『解体新書』には「陰器ノ尽クル処」とあるが、女から見れば「始まる処」では？

杵《きね》　男根。女陰を「臼」というのに対して。類似語には「摺古木」「こね棒」「でっち棒」など。

木魔羅《きまら》　これも平賀源内の命名。木のごとく堅い男根。木のようにして女房の夢破り。

牛刀　(bull-dagger)　陰核。アメリカ女性のクリトリスは二十センチにもなるのがある。

キュウリ　米国産の酢漬け用の小さなキュウリで gherkin というのがある。短小ペニスの異称。

胡瓜仏《きゅうりまら》　胡瓜《きゅうり》のごとく中細の形状のペニスで、「ひょうたん」と同じく下等とされる。

起陽《きよう》　陽物（ペニス）を起き上がらせるのである。勃起。エレクト。立たないのは「不起陽」。

玉珠《ぎょくじゅ》　古書に「亀頭の大なるは玉珠といいて王者のもの、その周四寸を大上とす」とある。

局部《きょくぶ》　〈からだの組織の一部分。〔狭義では、陰部を指す〕〉（『新明解国語辞典』）

金《きん》　睾丸。金玉の略。〽「破れふんどし将棋の駒よ　かくと思えば金が出る。

巾着《きんちゃく》　財布の一種で銭がこぼれないよう紐で口をぎゅっと締める。よく締まる女陰の異称。

串《くし》　刺し通す、ので男根。後宮の美女三千の始皇帝を「三千の剝身一本の串で刺し」と。

熊皮《くまのかわ》　煙草入れや敷物など熊の皮でつくったものはかつてはよく見かけた。多毛の女陰の称。

クラム　bearded clam, bearded oyster ともに女陰。蛤も牡蠣もアメリカではひげが生えるのだ。

グランス　(glans) ラテン語の glans はドングリだ。形状の酷似から陰茎先端部のふくらみを指す。

黒兵衛《くろべえ》　男根の擬人名はいくつもある。これはリッパな一物だが、愚図郎兵衛はダメなやつ。

黒豆《くろまめ》　娼婦、妾など商売女の女陰。素人女のは白豆で、未経験の娘のは青豆。

クンニリングス　(cunnilingus) ラテン語で女陰はクンニ、舌はリングス。つまり吸陰のこと。

茎頭《けいとう》　大槻玄沢は『ターヘル・アナトミア』を訳して忠実に茎頭とした。それがなぜか亀頭に。

毛饅頭《けまんじゆう》 饅頭だけでも女陰だが、上に毛を一字つけるだけでなまなましくなる。

毛桃《けもも》 毛の字を冠して女陰を表わす隠語は多い。毛巾着、毛雪駄、毛鞘、毛布団、毛風呂など。

股間《こかん》 〈股間打ち見やるうち、たちまち萎《しぼ》んでいく〉野坂昭如『今晩は、キャスターです』

故郷《こきよう》 女陰。生まれ在所とも。涙ぐむ倅故郷を思い出し、の故郷が女陰なら倅は男根と分かる。

炬燵開《こたつかい》 あたたまっているのはいいが乾いているのがマイナス、湯ぼぼのほうがやはりいい。

子壺《こつぼ》 子宮をいう。子壺深きは多淫なり、というが子宮の深さを素人がどうやって測れるのか。

小鉢《こばち》 女陰を鉢とか小鉢とか日本ではいうがインドネシア語では小鉢をmankok《マンコ》という。

小腹《こばら》 陰阜の異称。「小腹がすいた」と彼女にいわれたらどちらの小腹か確かめること。

小町《こまち》 小野小町が業平にさせなかったのは鎖陰だったからといわれる。小町は穴無しの別称。

コン (con) フランス語で膣あるいは女陰のことをいうが、これが男性名詞であるのは何故なのか。

コンノ (conno) フランス語のコンはイタリアではコンノ。紺野さんや今野さんは困惑するそうだ。

サード・レッグ (third leg) 米国ではペニスのことをこんな言いかたをする。日本の中足と同意。

鎖《さ》陰《いん》 鎖国の鎖。外に対して門戸を開かないのだ。恥骨が下がって挿入不能の女陰のこと。

棹《さお》 男根。宝船には七福神が乗っているが、弁天だけは棹がない。六本の棹で漕ぎ出す宝船。

酒男根《さかまら》 湯ぼぼ酒まら、といって湯上がりの女とほろ酔いの男との交合が快美であるとされる。

下り《さが》開《ぼぼ》 下つきの女陰。下等な開とされるが後背位に適し、あえてこれを好む男も多い。

柘榴《ざくろ》返《がえ》し 『逸著聞集』に名器四種として紹介されているものの一つ。「数の子天井」のこと。

裂《さ》け 空割、疵などと同じく陰裂に女陰の特徴を見た呼称だが、あまりにも素っ気ない。

核《さね》 実とも実核とも書く。陰核のことだ。「核挊」は陰核摩擦用の手淫具である。

核長《さねなが》 〽姉の核長妹の毛長わたしひとりはかわらけだ。クリトリスは勃起時八・五センチにも。

鞘《さや》 ペニスを抜身という。抜身をおさめるのが鞘の役割だからもちろん女陰のこと。

三角《さんかく》 女陰。陰毛の形。立て膝の時三角の口をあき。この三角は膣口のこと。

しし 鉄砲かついで来た山中でししも撃たずに帰るのか。鉄砲は男根、山中は温泉名、ししは女陰。

指似《しじ》 指に似たものの意で、小児の、または短小の男根。指にも親指、小指いろいろあるが。

Gスポット　膣口から三分の一ぐらいのところにある自律神経。ホルモンを出し強い性感を感ずる。

下附《したつき》　尻が小さいと背後から挿入しやすいので下附に思われる。日本人は下附といわれる理由。

下歯《したば》　女陰。男は上歯、女は下歯、歯は上下がうまく咬みあって役に立つ、が由来。

下谷《したや》　下の谷間で女陰のことだが、巨大開のことを下谷の広小路と東京の地名にかけていう。

シャ　(chat) フランスの熟女の女陰のこと。ただし並のクラス。多毛のはオス猫を意味するmatou。

釈迦《しゃか》　女陰の観音に対して男根をいうのだが、観音はよく知られているのに釈迦は死語同然。

尺八《しゃくはち》　近年はフェラチオとしてよく知られているが、元来は尺八のような上反りの男根。

シャム・ハーレ　(scham-Haare) 陰毛。「恥毛」はこのドイツ語を直訳したもの。

十一番目の指　(onzième doigt) フランスのスラングでペニス。小指より格下とは情ない。

春草《しゅんそう》　陰毛。日本にはもともと性を恥とする伝統はない。春草、茂みなどが日本らしい。

小陰唇《しょういんしん》　日本女性は小陰唇が突出しているのが水着の上から分かる。大陰唇が薄いためだ。

小根《しょうこん》　洗濯していて川で蟹に小根を挟まれたという話が『昨日は今日の物語』に。小陰唇。

津液《しんえき》 汗や唾など体からにじみ出る液体のことだが、秘語ではもっぱら愛液をいう。

腎張《じんばり》 腎は精力のもと、とされていた。腎がいつもはりきっている精力絶倫をいう。

巣口《すぐち》 小鉢の発射口のことだが、陰語では尿道口のこと。精液が発射されるからだ。

芒《すすき》 薄い陰毛をいう。月を見る頃には土手に芒生え。月は初潮、土手は陰阜である。

鈴口《すずぐち》 『広辞宛』には亀頭とあるが『紅閨秘筐』に尿道口としてあるのが正しいのでは。

裾《すそ》**っ張**《ば》**り** 「裾」は女陰。腎張りに対して女の精力絶倫をいう。咲耶姫三国一の裾っ張り。

すっぽん 本物のすっぽんは生血、生肝が強精食として珍重されるが、秘語では意気地ない皮冠り。

摺古木《すりこぎ》 男根。ならば当然、摺鉢は女陰で、摺鉢の高あがりするとろろ汁、は愛液であろう。

性毛《せいもう》 「陰部に生える毛」としか辞書には書いていない。では「陰部」とは?

倅《せがれ》 男根。息子ともいう。俗謡に〈倅どこ行く青筋立てて生まれ故郷の赤門さして……〉と。

ゼロ イタリア人は女陰をzeroという。タダでやれるからではない。0が穴を連想させるからだ。

前門《ぜんもん》 前陰、前穴ともいう。後門（肛門）に対する言い方で女陰のこと。虎に咬まれる懼れも。

象《ぞう》**の鼻**《はな》 いくら太くても、だらりとぶら下がっている男根は駄目。無駄花ではなく無駄鼻。

曾々《そそ》 女陰の古名。於曾々（おそそ）とも。『陰名考』によれば「裾」のなまったものと。

その部分《ぶぶん》　〈性感の強い女に限ってその部分の翳りが案外薄い〉北原武夫『惑乱への戸口』

空《そら》　空割れの略。お花見のすむうち空へ手を当てる。お花見は生理。早くなおるようにと手当。

空割《そらわれ》　女陰。割れているように見えるが、底まで真二つになっているわけではない。

反《そ》り　男根。女陰の「裂け」に並ぶぶっきらぼうな言い方だが、反りは男根の命ではある。

大根《だいこん》　標準サイズはいわない。巨根にのみ与えられる尊称？

大地　(land) ground (地面)、garden (菜園)、meadow (牧場) など英国では女陰をいう。

大砲《たいほう》　これは大小に関係なく男根のこと。「軍艦」の対語で、男児をあらわす俗称。

竹仈《たけまら》　堅い男根をいう。他に「金仈」「石仈」「木仈」などあるが、それらの序列はない。

蛸《たこ》　「蛸壺」ともいう。よくしまる女陰のこと。閨中に入って妾は蛸となる。

ダスター　雑巾や埃よけコートもダスターだがこの場合はＤＤＴなどの散布器。米国で男根の隠語。

谷《たに》　女陰。「谷間」とも。下の谷だからと「下谷」ともいう。他に「一の谷」「しし谷」など。

足袋《たび》　女陰。足をすっぽり包むものだから。ただしこの足は中足。類語に「柄袋」「傘袋」

盥《たらい》　女陰だが下等なものをいう。間口が広くて底が浅いからだ。盥を相手にするは「行水」

たれ　女もしくは女陰をいう。ただし「バアダレ」は老婆のことであって老女の陰部ではない。

団子《だんご》　「男陰の俗称」と宮武外骨の『日本擬人名辞書』にはあるが、私娼のこと。

恥丘《ちきゅう》　恥部は性器全体のことだが、恥丘は大陰唇のこと。英語では「ヴィーナスの丘」だ。

恥垢《ちこう》　女性の恥垢は大陰唇と小陰唇の間の溝にたまる。小陰唇はアルカリ性に弱い。水で洗え。

恥舌《ちぜつ》　クリトリスを舌と俗称する所は多いが、ドイツ語ではschamzünglein（恥ずかしい舌）。

膣刺激《ちつしげき》　ウサギは膣刺激のあったときだけしか排卵しない。人間にもウサギ型の女性がいる。

膣前庭《ちつぜんてい》　左右の小陰唇に囲まれた部分で、バルトリン腺の導管が開口する。

地開《ぢぼぼ》　素人の女のことを地女という。その女陰を地開という。玄人のよりは新鮮さが取り柄。

恥毛《ちもう》　『広辞宛』には「陰毛に同じ」としか書かれていない。

茶《ちゃ》　女陰のこともいうし、性交の意もある。茶臼、茶壺、茶釜、など茶を用いた性語は多い。

ちゃんこ　江戸の俗謡に〽板になりたやお湯屋の板にちゃんこ舐めたり眺めたり、とある。女陰。

提灯《ちょうちん》　ぶら提灯といえばはっきり痿陰のことだが、提灯だけならまだ現役のニュアンス。

ちん　ちんちんは子どものペニスだが、ちんは女陰。若い娘をちんまい、娼婦をちんふりなどと。

珍宝《ちんぽ》　江戸小咄に、とと様のちんぽは長いがかか様のは毛ばかり、という。女陰もいうのか。

ちんぽこ　小児の陽根。自由律俳句の大橋裸木に「ちんぽこに西瓜の雫たらして児のきげんよし」

筒《つつ》　男根。手筒《てづつ》は手淫のこと。手銃《てづつ》とも。性交は筒払い。美人局も昔は筒持たせと書いた。

鍔《つば》**かけ**　あまりに長過ぎて女がいやがるので、根元に鍔をはめてするという長大ペニス。

通鼻《つび》　女陰。下ばきをはかぬ昔の女は寝入ると前がはだけて陰部丸見え。これを「寝つび」と。

壺《つぼ》　女陰。狭く小さくなるのを「つぼむ」という。大きくわるいのは壺（女陰）ではないのだ。

露穴《つゆあな》　女陰のことだとすぐ分かる。これで稼ぐのを露稼ぎ。性交は露移し。乾いた老女のは？

廷孔《ていこう》　陰核。廷は法廷の廷。大切なことを行う場所だ。『解体新書・巻の四』に出てくる。

鉄砲《てっぽう》　男根。鉄砲かついで来た山中でししも打たずに帰るのか、と山中節。シシは湯女のこと。

でん　臀部のでんだ。越後甚句〽でんでらでんのでっかい嬶《かか》もてば二百十日のソーレ風除《よ》けだ。

展亀《てんき》　『老子』に出てくる。展は発展の展でひろがる、盛んになるの意。勃起したペニスだ。

電気ウナギ　米国でもペニスのことをeelという。強くてショックを与える程なのが電気ウナギ。

臀裂《でんれつ》　尻の割れ目。〈臀裂の彼方にみる女性器の異景が魅惑〉と性科学者の高橋鐵。

道鏡《どうきょう》　巨根のこと。孝謙帝に愛された弓削道鏡が超巨根だった伝説から。弓削ともいう。

道具《どうぐ》　男根女陰ともにいう。大道具は巨根、笑い道具は張形のこと。回り道具は多数姦をいう。

とさか　『艶面四季時計』に〈とさかの如く朱をそそぎたるものひらひらと〉とある。小陰唇。

戸立《とだて》　戸を立ててしめてしまえば入ることはできない。小野小町のように挿入できぬ鎖陰。

独鈷《どっこ》　一本独鈷の独鈷だ。真言宗で用いる金剛杵のことだが長くて堅くて有難いから男根。

土手《どて》　月を見る頃には芒土手に生え。月は初潮、芒は陰毛。土手は当然、大陰唇と分かるはず。

土瓶《どびん》　出雲、常陸では牛の睾丸、四国では人の睾丸の特に大きいのをいう、と『大言海』に。

東西《トンシイ》　中国で男根を指す言葉。コンドームのことを「東西嚢」という。

中足《なかあし》　中足を女房がもむ旅戻り。亭主がもんでほしいのは左右の脚なのにそれには知らんぷり。

薙刀《なぎなた》　薙刀は武家子女の身だしなみの一つ。刀、槍を男根にたとえるのに対して薙刀は女陰。

情け所《なさどころ》　女陰の異称。情を交す場所だから。一説に大声でその名を言えないから名避《なさ》け所と。

成り余れる処《なあまところ》　『古事記』に「我身は成り成りて成り余れる処一処あり」と男神の言葉が。

肉襞《にくひだ》　膣壁か。〈ズボズボと肉襞をこすりたてては……〉海堂剛『セーラー服と看護婦』

肉棒《にくぼう》　男根。〈夫人は硬直の極みに達している私の肉棒を慈しむように〉団鬼六『檸檬夫人』

肉饅頭《にくまんじゅう》　女陰。饅頭だけでも女陰を示すが陰阜の豊満な、いわゆる土手高を特に肉饅頭と。

二寸五分《にすんごぶ》　女陰。「三寸」も女陰だが、これは臍からの寸法。二寸五分は陰裂の長さ。

入道《にゅうどう》　男根。総体を指してもいうが「一つ目入道」と川柳に詠まれる時は亀頭をいう。

糠袋《ぬかぶくろ》　石鹸がなかった頃は糠袋で体を洗った。色、大きさ、感触の類似から陰囊の異称。

抜き身《ぬみ》　鞘を払った刀を抜き身といい、性交に際してニュッとむき出しにされた男根に譬える。

濡れ開《ぬぼぼ》　欲情して早々と愛液で濡れている女陰をからかって。本尊は濡れ仏なり奥の院。

寝かし開《ねぼぼ》　寝かすとは品物を活用せず死蔵しておくこと。せっかくの美女がもったいない。

ねずみ　フランス語で猫は女陰の愛称。猫がパクパク食べるのが鼠（rat）だからこれは男根。

寝肌《ねはだ》 抱いて寝て寝肌がよいから婿にする、という俗謡が東北に。合わせて心地よい肌のことか。

糊壺《のりつぼ》 女陰。糊は愛液。粘液のねばっこさを牽糸性というが十センチ以上も糸を引く。

白板《パイパン》 麻雀牌の一種。絵も字もなにも彫られていない真白な牌を無毛の女陰に見立てた。

馬敬礼《ばけいれい》 巨根を「馬並み」というが、その馬もおそれいってお辞儀をするほどの大巨根。

鉢《はち》 女陰。遊女にとっては商売道具だから手入れを怠らなかった。売物は草をむしってよく洗い。

パーツ (parts) 男女を問わず、性器を指す。日本語でも彼女の「その部分」という。

鼻《はな》 男根の異称。鼻の大きい男はペニスも、といわれ両者はとかく関連づけられるが……。

蛤《はまぐり》 婚礼の宴には蛤の吸物を出すのがしきたり。初々しい女陰の象徴。熟女のそれは赤貝。

ひげ これも鼻下や頬に生える毛のことではない。陰毛、とくに女のそれをさす隠語。

菱餅《ひしもち》 落書では女陰を卵型に描くことが多いが秘語では菱とか三角など角張ったのが多い。

秘唇《ひしん》 〈秘唇が蜜を激しく流し〉とポルノ小説に。秘唇が女陰で蜜は分泌液だと誰にも分かる。

額《ひたい》 うすいのを娘気にする額の毛。この額をおでこだと思っては大違い。秘語では陰阜のこと。

ピッコロ　管楽器の名称だがアメリカでは短小ペニスの隠語。イタリア語のpiccoloは小さいの意。

ひなさき　陰核。雛先、火之戸先などの漢字を当てる。小陰唇と混同している用例もしばしばある。

姫《ひめ》のり　愛液。膣口に近いバルトリン腺からも子宮頸管からも膣壁からもとにかく沢山出る。

ヒーメン　(Hymen) 処女膜。ドイツ語読みがもっぱら通用している。神話の男神ヒュメンから。

ファルス　(phallus) ギリシャ語。勃起時の男根。もともとは石や木でつくった男根像のこと。

ふぐり　陰囊膨《ふく》れの転じたものか。布久里と書く。ふぐりなし、は男らしくないとの罵り言葉。

不治の傷口　(incurable wound)これも英国での隠語。これは一生裂けたまま、治らない。

船《ふね》　女陰。欧米語でも船は女性名詞。女性の初交のことを船下しという。舟後光は女の陰毛。

麩《ふ》朳《まら》　麩はやわらかいものだから凡器の称かと思ったが、一麩二雁三反といい最上の男根だと。

プリック　(prick) 英語できわめてポピュラーな男根のスラング。針でチクリと刺すこと。

風呂《ふろ》　女陰の俗称。風呂だけではまぎらわしいのか、滑稽本には肉風呂、毛風呂などと。

へこ　女陰。性交も。〽あるものブチ売《う》てブチまらで立ててへこして死《す》んだほがえ（秋田音頭）

ペニス　(penis) ラテン語。男根。厳密にいうと勃起していない状態のもの。

へのこ　男根。『陰名考』に「篇乃古。是はもと睾丸を云へる名なるを何れの比よりか男陰を」と。

蛇穴《へびあな》　snake pit が女陰のことだとはすぐ分かるが、snake ranch（牧場）は？　女郎屋である。

べべ　女陰。〽ゆんべもらったはなよめご今朝の地震でべべさいた（気仙沼の俗歌）

宝石　(bijou) フランスの俗語でクリトリスのこと。ボタン (bouton) ともいうが、宝石の勝ち。

包皮《ほうひ》　「陰茎の亀頭部を包む皮」と辞書にはあるが、では茎部を包むのはなんと呼ぶのか。

炮烙《ほうろく》　素焼きの平たい土鍋のことだが、秘語では無毛の老女の女陰。土器《かわらけ》の大形の意。

頬冠り《ほおかぶ》　包茎。切見世に立ち消えのする頬冠り。立ち消えは交接途中で萎《な》えること。情ない。

ほがみ　『大言海』には〈陰上《ホトカミ》ノ略〉とある。『古事記伝』には〈富登上《ホトガミ》〉と。女陰の古名。

ボタン　クリトリスのことを英語で love button とも door of love ともいうが前者が圧

倒的に多い。

ホーデン (Hoden) ドイツ語で睾丸。尾崎士郎『ホーデン侍従』に〽ペニス傘持ちホーデン連れて。

ほと 宝登とも富登とも、また保土、蕃登とも書く。女陰の古称。火処《ひなと》が原義

帆柱《ほばしら》 男根。英語でもマストはペニスの異称だ。強精薬に帆柱丸というのがあった。

菩々《ぼぼ》 〽江戸じゃぼぼ、大阪おめこで京おそそ、という。女陰の代表的な異称。

ぼんぼ 〽風も吹かぬのにぼんぼの毛がなびく。核《さね》のあくびか屁の風か (舟上げ歌)

前足《まえあし》 男根の異称。「よかよか節」に〽梯子の下には権助が、あら前足をひょこひょこと……。

前《まえ》つき 上つき。妙陰とされる。下つきが軽蔑されるのはワンワン・スタイルになるからか。

松茸《まつたけ》 〽娘どこ行く髪ふりたてて 裏の松山松茸狩りに (「チータカター」)

豆《まめ》 女陰。〽チョーンコチョンコ、豆食《け》え、豆食うにゃ歯がねえ (「地引唄」)

マ×コ 〈さア、このムッチリマ×コのモチモチ肌やピチピチおマメを〉 菊村到『不倫の結末』

まら 魔羅が一般的だが、萬良、末裸、仈、閇とも。のんのんと馬の魔羅ふる霧の中
加藤楸邨

饅頭《まんじゆう》 女陰。特に陰阜がふっくらとした土手高のものを指す。羽二重饅頭はことに妙陰。

ミネ (minet) これもフランス語の子猫だが、オス。やはり若い女陰の異称だが、毛深いのをいう。

ミネット (minette) フランス語でメスの子猫。若い女性のあそこの異称。

ミミ (mimi) おニャン子クラブのおにゃんこにあたる可愛い猫のことだが〝援助交際〟も可。

耳《みみ》 ユーゴスラビアでは女陰を「脚の間の耳」(usi meggu nogama)という。

剝身《むきみ》 男の抜き身に対して女の裸陰をいう。すは夜討ちむきみで逃げる馬鹿女。

椋鳥 (ez-zerzur) アラブでは中が赤く外が黒い(よく使いこんだ)女陰をむくどりと呼ぶ。

筵破り《むしろやぶ》 勃起。長命丸、帆柱丸などの強精薬の宣伝文句に「五十、六十にても筵破り」と。

無駄穴《むだあな》 縁切寺に駈けこんでも三年経たねば離婚できない。三年は無駄穴にして縁を切り。

鞭《むち》 アポリネールに『一万一千本の鞭』という作品がある。鞭(verge)は男根の異称として。

女握り《めにぎ》 親指を人さし指と中指の間から突き出すようにして拳《こぶし》をつくる。女陰の象徴。

牝々《めめ》 女陰。少女のそれはめめっちょ、めめっこなどという。成人で発育不全なのも。

物《もの》 物が大きいといっただけで男陰を指すことが分かる。持ち物《もの》、一物《もつ》、わが物なども同様。

桃《もも》 女陰。桃の形も女陰を連想させるが、桃よりももももとももとの間がいいと川柳子。

門　女門、陰門、朱門など日本でもそうだが英語でも、"gate of pleasure, gate of love"など。

厄介棒《やっかいぼう》　でか棒、こね棒、肉棒など棒の字を伴った男根異称は多いが、これが一番実感的。

槍《やり》　『浮世閨中膝栗毛』に、股倉へ夜討しかけて槍先の手柄におとるふんどしの恥、と。

湯開《ゆぼぼ》　湯上がりのあたたかく水気たっぷりの女陰。天上栄花湯開酒玉茎《まら》といって最上の珍味と。

弱蔵《よわぞう》　ペニスの擬人名。もちろん駄目なやつである。反対に大きくて堅いのは「強蔵」。

羅切《らせつ》　魔羅を切除することだ。実際には睾丸を摘出する去勢手術だが、男茎の切除も稀には。

ラバ　(mule)　イギリス人はhorseはあまり用いない。ペニスの異称としてはmuleがポピュラー。

蘭　orchidの語源は睾丸だ。塊根がそっくりだから。花よりも根を見る。目のつけどころが違う。

リンガ　(linga)　サンスクリット語で茎の意。

ロードシス　排卵日の前日にねずみの雌が尻を持ち上げ雄を受け入れる行動を示す。これをいう。

(「陰名一行考」は単行本ではすべて一行でしたが、本文庫では一行に収まらないものが出ました。ご諒承下さい)

む

め

も

や

ゆ

よ

ほ

ま

み

ふ

へ

の

は

ひ

ち

つ

す

せ

そ

た

さ

し

く

け

こ

か

索引

文春文庫

人《じん》体《たい》表《ひょう》現《げん》読《どく》本《ほん》

定価はカバーに
表示してあります

2003年2月10日　第1刷

著　者　塩《しお》田《だ》丸《まる》男《お》
発行者　白川浩司
発行所　株式会社　文藝春秋
東京都千代田区紀尾井町 3-23　〒102-8008
TEL　03・3265・1211
文藝春秋ホームページ　http://www.bunshun.co.jp
文春ウェブ文庫　http://www.bunshunplaza.com
落丁、乱丁本は、お手数ですが小社営業部宛お送り下さい。送料小社負担でお取替致します。

印刷・大日本印刷　製本・加藤製本

Printed in Japan
ISBN4-16-741704-9

文春文庫

エッセイと対談

（　）内は解説者

再び女たちよ！
伊丹十三

長髪の論理、犬の生涯、浮気論、わが思い出の猫、運転手の論理、香水、ザ・ネイミング・オブ・キャッツ、うぬぼれかがみ、鼻の構造、脱毛など三十四篇のしゃれたエッセイ。

い-5-2

日本世間噺大系
伊丹十三

選挙の票読み、蜜柑のむき方、オムレツの作り方、女の生理の不思議、天皇の日常生活などなど、談話取材の名人が耳寄りな面白い話題ばかりを拾って提供する現代の世間話。

い-5-4

女たちよ！男たちよ！子供たちよ！
伊丹十三

育児について語ることは、そのまま親の生き方について語ることである。つまり、人間とは何か、人は何のために生きるか、の問いに答えながらユニークな体験的育児論を展開する。

い-5-5

パリ仕込みお料理ノート
石井好子

三十年前、歌手としてデビューしたパリで、食いしん坊に開眼した著者が綴った、料理とシャンソンのエッセイ集。読んだらきっと食べたくなり、作ってみたくなる料理でいっぱい。

い-10-1

宿六・色川武大
色川孝子

一日六回の食事作りに絶え間のない来客への対応、難病ナルコレプシーとの闘い。ギャンブラーにして作家、鬼才・天才と謳われた夫との不思議で波瀾万丈な生活を追想する好エッセイ。

い-29-1

しっぽのある天使
わが愛犬物語
池田満寿夫

犬こそ人生最良のパートナー。ふとしたきっかけから犬を飼いはじめ、気がついたら二十匹もの大家族に。事件に満ちた日々を、愛情をこめて描いた犬好き必読のエッセイ集。（佐藤陽子）

い-38-1

文春文庫

エッセイと対談

あの子のカーネーション
伊集院静

二日酔いの朝に思うのは、故郷、家族、さすらいの遠い日々。そして異国で出会った人々のやさしい眼差し。人々とのふれ合いは楽しく、そして哀しい。伊集院静の処女エッセイ集。

い-26-1

神様は風来坊
伊集院静

二日酔いのあしたに思うのは、失われし時と帰らざる人々。さりげない日常風景のなかに、かぎりない優しさをこめ、人生の機微を鮮かに描いて定評のある伊集院静の第二エッセイ集。

い-26-2

時計をはずして
伊集院静

二日酔いで見上げる夜空(?)に丸く浮かぶは、パチンコ玉か、一筒(イーピン)か、はたまた自転車の銀輪か……。ギャンブル場で、旅先で、そして銀座で出逢った人々を綴るエッセイ集。

い-26-3

アフリカの燕
伊集院静

篠ひろ子夫人との新婚生活は始まったが、ギャンブル場や酒場を流離う日々に変わりはない。武豊、井上陽水、蛭子能収など知人との交情や無頼な日常を綴った週刊文春連載のエッセイ集。

い-26-5

半人前が残されて
伊集院静

酒場で、病院のベッドの上で、ギャンブル場で、旅先で……。ふと浮かぶもう逢えない人々の顔。一人前になりきれず、生きていく人生の哀歓を鮮やかな筆で掬い取ったエッセイ集第五弾。

い-26-6

兎が笑ってる
伊集院静

あくせく働くのも、とことん飲むのも、それはあなたの選択次第……。柔らかな視線で人間の哀歓を綴った、週刊文春の人気エッセイ第六弾!

い-26-7

文春文庫

エッセイと対談

（　）内は解説者

落第坊主の履歴書
遠藤周作

小説界の第一人者もかつては落ちこぼれだった。落第、浪人、家出、文学熱中……何をしてもズレてしまう少年の、自分探しジグザグ物語。全国の落第生諸君にエール！（さくらももこ）

え-1-10

変るものと変らぬもの
遠藤周作

移りゆく時代、変る世相人情……もっと住みよい、心のかよう世の中になるようにと願いをこめて贈る九十九の感想と提言。時事問題から囲碁・パチンコまで、幅広い話題のエッセイ集。

え-1-11

生き上手　死に上手
遠藤周作

死ぬ時は死ぬがよし……だれもがこんな境地で死を迎えたい。でも死はひたすら恐い。だからこそ死に稽古が必要になる。周作先生が自らの失敗談を交えて贈る人生セミナー。（矢代静一）

え-1-12

心の航海図
遠藤周作

時代の奔流にめまぐるしく揺れる人生の羅針盤。どの星を頼りに、信ずべき航路を見出したらよいのか……。宗教、暴力、マスコミの問題から折々の感懐まで、みずみずしく綴る随想集。

え-1-19

最後の花時計
遠藤周作

病と闘いながらも、遠藤さんは最後まで社会と人間への旺盛な好奇心を持ち続けた。宗教のあり方、医療への提言……。これは遠藤さんが日本人に残した厳しく優しい遺言である。（加藤宗哉）

え-1-23

心のふるさと
遠藤周作

靴磨きのアルバイトをした頃、占い師に「小説家は無理だね」と言われた頃。芥川比呂志、吉行淳之介の思い出……。最晩年の著者が青春と交友、そして文学を回想した珠玉のエッセイ集。

え-1-25

エッセイと対談

（　）内は解説者

もうひと花
小沢昭一

絶滅寸前は大道諸芸のみにあらず。美人、トリモチ等々然りと尋ね求めて全国行脚を続ける寄り道の達人・小沢がおくる懐かし風味絶佳の随筆集。江國滋氏との対談も収録。（矢野誠一）

お-4-5

話にさく花
小沢昭一

自称しゃべくり芸人の著者が、徳川夢声の書物「話術」をもとに話のコツを説き明かす。また、飽くなき探求心と好奇心で語る各国大道芸の魅力など話題満載のエッセイ集。（池内紀）

お-4-6

本は寝ころんで
小林信彦

パトリシア・ハイスミスの面白さをいち早く取り上げるなど、本読みのプロとして定評のある著者がおくる、読書生活を一変させる本。〈他人に教えたくない面白本ベスト50〉も初公開！

こ-6-6

〈超〉読書法
小林信彦

どこで、どういう姿勢で読むか？　面白い本の探し方とは？「速読術」は可能か？　本の収納と処分の仕方は？　読書のプロが明かす画期的読書法のノウハウと実践の数々。（池上冬樹）

こ-6-8

読書中毒 ブックレシピ61
小林信彦

「小説もビデオも同じ。ゆきつくところはストーリーの面白さ」。本読みのプロが語る小説の〈よみとり方〉とは——村上春樹から永井荷風までブックガイド・エッセイ第三弾。（池上冬樹）

こ-6-9

人生は五十一から
小林信彦

ときに厳しく、ときにユーモラスに。政治に怒りを、エンタテインメントに喜びを。揺るぎない視点で〈いま〉をとらえる、「週刊文春」好評連載のエッセイ第一弾。読みごたえあります。

こ-6-11

エッセイと対談

（　）内は解説者

佐橋慶女
おじいさんの台所
父・83歳からのひとり暮らし特訓

妻に先立たれた著者の父が自活を決意した。家事一切に無縁だった〝明治の男〟が娘の厳しいコーチと周囲の人々の声援に大奮闘する涙と笑いの実録。日本エッセイスト・クラブ賞受賞。

さ-13-3

佐橋慶女 編
あなたは老後、誰と、どこで暮らしますか

夫婦で老人ホームへ、夫と別れて一人で暮らしたい、肉親より気の合った友人と、妻を連れて故郷に帰りたい、子や孫に囲まれてこの家で……一般から寄せられた一九六人の生き方設計図。

さ-13-6

佐藤愛子
我が老後

妊娠中の娘から二羽のインコを預かったのが受難の始まり。さらに仔犬、孫の面倒まで押しつけられ、平穏な生活はぶちこわし。ああ、我が老後は日々これ闘いなのだ。痛快抱腹エッセイ。

さ-18-2

佐藤愛子
なんでこうなるの
我が老後

「この家をぶッ壊そう！」精神の停滞を打ち破らんと古稀を目前に一大決心。はてさて、こたびのヤケクソの吉凶やいかに？　抱腹絶倒、読めば勇気がわく好評シリーズ第二弾。（池上永一）

さ-18-3

佐藤愛子
だからこうなるの
我が老後3

締切り間際に押しかけられつい貸した百万円。ところが相手はいつの間にやらトンズラしていた、それも我が家の車で！　疑惑のK事件を皮切りに、まだまだ続く猛烈愛子さん奮闘の日々。

さ-18-4

佐藤愛子・江原啓之
あの世の話

「死後の世界はどうなっているのか」「霊とのつき合い方」「霊が教えてくれること」……。自ら体験した超常現象により死後の世界を信じるようになった作家が、霊能者に聞く心霊問答集。

さ-18-5

文春文庫

エッセイと対談

（　）内は解説者

俵万智
りんごの涙
何かが芽生え、何かが変る。卒業は出会いのためのさよなら。『サラダ記念日』で歌壇に新風を巻き起した著者の少女時代から歌人となり教壇を去るまでを語る自伝エッセイ集。（田辺聖子）
た-31-1

俵万智
かすみ草のおねえさん
二十七歳のターニングポイント、言葉が大好き、都市の表情、にっぽんの色、愛を語ろう、短歌の部屋など、人生論から文学、美術、演劇、短歌にいたる著者の幅広く深いエッセイを収録。

た-31-3

高島俊男
本が好き、悪口言うのはもっと好き
支那という国名表記にメスを入れ、返す刀で李白と杜甫、狩野亨吉や江馬修を論じ、湖辺の侘び住いから鋭い書評を放つ。第11回講談社エッセイ賞を受賞した傑作痛快評論集。（坂梨隆三）
た-38-1

高島俊男
お言葉ですが…
ちょっと変だなあ、この言い方は……。日頃なにげなく使っている言葉を中国文学のウンチクを背にときにチクリ、はたまたバッサリ。「週刊文春」連載の痛快コラム集第一弾。（目黒考二）
た-38-2

高島俊男
お言葉ですが…❷
「週刊文春」の怪
世の中には「週刊文春」をシューカンブンシューと読む人が少なからずいるらしい。これは一体どういうことか？　謎が謎を呼ぶ表題作の他、日本語をめぐる面白エッセイ集。（坪内祐三）
た-38-3

高島俊男
お言葉ですが…❸
明治タレント教授
講義で専門の経済学の授業をまったくしなかった帝大教授の話をはじめ、人や言葉にまつわる愉快なエピソードが満載。日本語と日本人について、考えるヒントをお授けします。（呉智英）
た-38-4

エッセイと対談

（　）内は解説者

谷沢永一
人間通と世間通
〟古典の英知〟は今も輝く

「人間とは何か」「人間社会のメカニズムとは何か」という二つのテーマに即して、古典中の古典を選びだし、そのエッセンスを凝縮。これ一冊であなたも「人間通」「世間通」になれる。

た-17-4

高峰秀子
私の梅原龍三郎

大芸術家にして大きな赤ん坊。四十年近くも親しく付き合った洋画の巨匠梅原龍三郎の思い出をエピソード豊かに綴ったエッセイ集。梅原描く高峰像等カラー図版・写真多数。（川本三郎）

た-37-1

高峰秀子
わたしの渡世日記（上下）

複雑な家庭環境、義母との確執、映画デビュー、青年・黒澤明との初恋など、波瀾の半生を常に明るく前向きに生きた著者が、ユーモアあふれる筆で綴った傑作自叙エッセイ。（沢木耕太郎）

た-37-2

高峰秀子
にんげん蚤の市

忘れえぬ人がいる。かけがえのない思い出がある。司馬遼太郎、三船敏郎、乙羽信子、木村伊兵衛、中島誠之助……大好きな人とのとっておきのエピソードを粋な筆づかいで綴る名随筆集。

た-37-4

高峰秀子
台所のオーケストラ

和食48、中華24、洋風34、その他23……計129の素材を持ち味に合わせて料理する。お鍋は楽器、タクトを揮るのはあなた。読んで楽しく作って嬉しい、挿画も美しい高峰さんのレシピ集。

た-37-5

高峰秀子
にんげんのおへそ

風のように爽やかな幸田文、ぼけた妻に悩まされる谷川徹三、超変人の木下恵介、黒澤明、そして無名の素晴らしい人たち。柔らかなユーモアと愛情でいきいきと綴る、心温まる交友録。

た-37-6